U0585453

带队伍

不会带团队，你就只能干到死！

MBA备受欢迎的团队管理高级课程！ | 赵伟 著

当代中国出版社
Contemporary China Publishing House

图书在版编目（CIP）数据

带队伍：不会带团队，你就只能干到死！ / 赵伟著 . —北京：当代中国出版社，2013.12

ISBN 978-7-5154-0389-2

Ⅰ . ①带… Ⅱ . ①赵… Ⅲ . ①企业领导学—通俗读物 Ⅳ . ① F272.91-49

中国版本图书馆 CIP 数据核字（2013）第 293322 号

出 版 人	周五一
选题策划	晋璧东
责任编辑	杨佳凝
项目监制	于向勇
特约编辑	马占国　刘 伟
装帧设计	主语设计
出版发行	当代中国出版社
地 址	北京市地安门西大街旌勇里 8 号
网 址	http://www.ddzg.net 邮箱：ddzgcbs@sina.com
邮政编码	100009
编 辑 部	（010）66572154 66572264 66572132
市 场 部	（010）66572281 或 66572155/56/57/58/59 转
印 刷	北京天宇万达印刷有限公司
开 本	720×1020 毫米 1/16
印 张	16 印张 200 千字
版 次	2014 年 1 月第 1 版
印 次	2018 年 2 月第 3 次印刷
定 价	35.00 元

版权所有，翻版必究；如有印装质量问题，请拨打（010）66572159 转出版部。

手把手教你打造一流团队

★ 据统计，全球职场中人面临的最大问题是，不会带团队！如何让团队自动自发地去完成任务？如何把庸才培养成将才？如何让团队帮你解决80%的问题？本书将告诉你答案！

★ 百万畅销书《给你一个团队，你能怎么管》作者最新力作。MBA商学院最受欢迎的团队管理高级课程！通用电气、丰田、联想、苹果、微软……全球500强企业都在运用的"少人高效"团队法则升级版！用战略家的眼光思考全局，用企业家的思维做管理！搭班子、定战略、带队伍、完善制度、引导团队文化，一个都不少！

★ 最简单高效的管理法则，让身边的人帮你解决80%的问题！作为管理者，你的时间有限，你只能做最重要的20%的事情，其他80%的工作可以让团队帮你解决。而你要做的就是提升团队的整体战斗力！

★ 本书以世界500强企业都在运用的团队管理法则为基础，针对如何建立领导力、完善制度、高效沟通、科学考核、执行力、时间管理等团队管理中的常见问题，一一提出高效实用的解决方法，手把手教你打造一流团队！

★ 制度是企业的准绳，是管理者手中的标尺，是领导力的载体。优秀的制度不仅有助于领导者掌控团队，也有助于领导者发现人才、运用人才，更有助于领导者带领团队走向辉煌。制度成功，团队就走在成功的通路上；制度失败，团队一定难逃瓦解的命运。

★ 沟通是连接团队每名成员的桥梁。团队需要高效运转，离不开团队成员的默契配合，而构建这种默契的就是沟通。团队成员个性迥异，工作能力有差异，强弱倾向性各有不同，如果缺少沟通，团队成员间很难形成一致性，做事情一定有分歧，团队将没有办法形成强大的凝聚力。

★ 创新是团队生存和竞争的基石。任何技术、思维、观念都会随着时代的变迁而变迁，团队要想顺应时代，走在行业前列，形成强大的竞争力，必须长存创新意识，依靠创新提高效率，依靠创新打造精品。

★ 任何团队都会遭遇危机，这是无法规避的事情。防范危机考验团队的预警机制；处理危机考验团队的凝聚力和团队管理者的应变能力；而从危机中寻找机会，检验团队的综合能力。卓越的团队懂得防范危机，不惧怕危机，能及时处理危机，能抓住危机中的机遇。

★ 领导是团队的核心，领导力是构建团队的核心。卓越优秀的领导力能将团队打造成常胜战队；一般领导力只能打造出一般战斗力的团队，掌控不了自己的命运，能否在商海中站住脚要看运气；而不合格的领导力只能让团队一盘散沙，毫无战斗力，在商海大潮中早早被淘汰。

★ 优秀和卓越的差距在于，优秀能让人仰视，而卓越能让人凝视。仰视是羡慕，凝视是崇敬。优秀的团队管理者能将团队的最高目标定为高效、创新和不断进步，但卓越的团队管理者将团队的底线设置为高效、创新和不断进步，他们所带领的团队是难以被超越的，也是不可战胜的。

目录
C O N T E N T S

前　言　**如何成为一名卓越的管理者** / 1
PREFACE

第一章　**领导力的建立** / 1
CHAPTER ONE

　　紧握管理的基石——信念 / 2

　　三项定位决定领导层级 / 4

　　活到老，学到老 / 10

　　抛弃糟粕习惯 / 12

　　用广角镜看世界 / 14

　　是做"大哥"还是做"领导" / 17

　　带给员工可靠性和安全感 / 20

　　用自己的乐观向上鼓舞团队的士气 / 23

　　高明的领导懂得"高低结合" / 25

第二章　**团队管理的基石是制度** / 27
CHAPTER TWO

　　领导要起表率作用 / 28

　　规章原则大于情面 / 30

不需要理由：能者上，庸者下 / 32

问责从领导开始，奖励从下属开始 / 34

管理需因人而异，因时而变 / 36

学会感恩，承担责任，才能成大事 / 40

整合员工小目标，成就团队大目标 / 42

第三章
CHAPTER THREE
团队内部的高效沟通 / 47

沟通无漏斗，共识必达成 / 48

"头脑风暴"席卷沟通死角 / 53

坚决不搞"一言堂" / 56

包容下属的"狂妄"意见 / 58

提问不是摆派头，而是促交流 / 62

批评的艺术 / 65

全方位沟通，解开沟通中的死结 / 68

深度会谈，营造开放式的团队氛围 / 70

第四章
CHAPTER FOUR
项目的决策与考核 / 75

决策能力的开发与培养 / 76

放松过程，考核结果 / 79

人心不齐，决策难出 / 82

必要时就做力排众议的"霸王" / 87

意识和行动都比对手快一步 / 89

不会放风筝式管理，只会自己累到死 / 91

懂得授权与放权 / 94

第五章
CHAPTER FIVE

没有任何借口的执行力 / 97

执行力与制度 / 98

决定企业执行力的四要素 / 102

领导自律，团队自觉 / 106

提高员工的执行力 / 107

高效执行，贵在认真 / 110

敬业成为习惯，敬业成就执行 / 112

精确到位是执行力的终极目标 / 116

第六章
CHAPTER SIX

高效团队的时间管理 / 121

凡事预则立 / 122

以位选才，因才定位 / 125

做好目标管理 / 130

将时间划出优先级 / 133

从流程管理的海绵中节省时间 / 134

按目标管理，将工作量化 / 136

第七章
CHAPTER SEVEN

团队的创新与变革 / 139

架构学习力超强的团队 / 140

学习力和核心竞争力 / 144

让团队专注于最擅长的领域 / 146

思维固化是创新与变革的拦路虎 / 148

逆向思维能力决定团队的创新效果 / 151

负面情绪会遮蔽所有灵感 / 156

愿景是团队动力的方向舵 / 159

第八章
CHAPTER EIGHT
团队危机的紧急处理 / 163

长存危机意识 / 164

能看到第一块被打碎的玻璃吗 / 167

当机立断地做出决策能稳定人心 / 168

立即行动，防止恶化 / 170

危机当头，领导必须冲在最前边 / 172

危机来临时，勇于带头做出奉献甚至牺牲 / 174

能发现冲突中的机会吗 / 176

棋走绝步，兵行险招，置之死地而后生 / 181

兵来将挡，水来土掩，没有过不去的坎儿 / 185

第九章
CHAPTER NICE
构建队伍的进化机制 / 187

团队中时刻需要"鲇鱼效应" / 188

跳出自我，从不同的立场和角度考虑问题 / 190

不可摘下的六顶思考帽 / 192

团队中的1+1＞2法则 / 197

由"打工者"到"主人翁"的转变 / 200

释放团队成员的个性 / 202

第十章　**从优秀到卓越** / 207
CHAPTER TEN

习惯决定命运，能力造就卓越 / 208

鼓舞团队士气，引爆团队能量 / 210

广交良友，广结善缘 / 212

超越自我，实现由"管理者"向"领导者"的蜕变 / 214

营造你的非凡气场 / 215

管理，是一个发挥影响力的过程 / 218

施展自己的非权力影响力 / 222

自主管理，无为而治 / 224

附　录　**卓越团队管理者的 100 条黄金法则** / 229
APPENDIX

如何成为一名卓越的管理者

联想控股有限公司前董事长柳传志说："做企业就是三件事：搭班子、定战略、带队伍。"

其中，搭班子是初期工作，只要领导班子形成了，其后虽然有人事变动也不会偏离企业的核心目标；制定战略是间歇性的，制定了一个战略需要长时间去执行、去实践，过程中虽然有调整，也只是战术调整，不会改变战略方向；带队伍是长期性的，管理者从企业建立伊始，必须每时每刻为带队伍耗费心血。其实，企业管理者的主要任务是发现人才、培养人才、整合人才，并依靠人才去完成目标，这就是带队伍的本质。

但现实中，管理者与员工之间总是存在着巨大的矛盾。比如，管理者的想法与员工的想法为什么差别巨大？中层管理者的领导能力如何培养？基层员工的执行能力怎样提高？

问题看似层出不穷，其实核心问题是管理者带队伍的能力。如果管理者带队伍的能量不足，则会导致矛盾频发，阻碍企业高效运转。带队伍是管理之道，要使企业管理卓有成效，"带"字当头，"带"字至关重要。没有"带"，就没有有凝聚力的团队；没有"带"，就没有运行良好的高效团队！"带"是为达到目标而培养员工，激发他们的工作激情和积极性。"带"是企业中层管理者的工作之道，是企业中基层管理者落实上级意图的执行之道。实践证明，只有带出来的队伍才会更加忠诚，才能在关键时刻经受住严峻考验。

日本著名领导力培训专家守谷雄司说："成功的管理者应该了解下属，能培育优秀的下属，能推动企业和个人不断向前发展。"其实，管理者了解下属、培育下属的过程，就是提高下属完成工作的胜任能力。只有每名下属都成为独当一面的将才，企业才能形成巨大的能量，这种能量会推动企业不断前进。

华为公司总裁任正非很推崇《战争论》中的一句话："高级将领的作用是什么？不是能不能冲锋陷阵，而是要在看不清的茫茫黑暗中，用自己发出的微光，带领自己的队伍前进，并找到正确的方向。"

企业中的管理者，就如同军队中的高级将领。作为管理者，有多么高超的专业技术并不值得称道，有多么高深的学问也不值得夸赞，只有具备坚忍不拔地带领队伍走出黑暗的毅力，高瞻远瞩地为队伍指引光明方向的能力，清晰明确地将队伍的成员由"羊群"带成"狼群"，才是优秀的管理者。

管理者不能依靠权力进行管理，而要用真诚和方法管理，做好企业和团队的带头人。日本电产株式会社社长永守重信在其名为《成为"带领他人"的人》的书中写道："如今是个危机四伏的时代，高层领导必须处处要求员工'只有做到这一点才行'，而不能有丝毫得过且过的想法；高层领导要给下属指明方向、明确任务，下属才会时刻有危机感，而内心却有安全感和荣誉感。"

正如永守重信所言，管理者所扮演的真正角色是带领员工走向成功的引路人。俗话说："美玉非天成，妙手巧雕琢。"任何一块璞玉未经雕琢前都不会令人称奇，经过人工雕琢后方能成为绝世佳品。每名员工都是一块璞玉，就看管理者会不会雕琢。管理者雕琢得越精心，员工的才华就会展露得越多。管理者雕琢得越耐心，员工从庸才成为将才的路程便会越平坦，员工才会成长得越快。

企业和团队是由员工组成的，只有员工个体强大了，团队才能更加强大。

如果员工个体不够强，管理者是不可能打造出竞争力强大的团队的。也就是说，团队的强大能量是带出来的，能胜任艰巨任务的团队也是带出来的。

能量巨大的团队，一定具有平等意识。管理者能够做到将心比心，真心而坦诚地对待下属。管理者能够设身处地地为下属着想，去感知每名下属的心，让大家真正体验到平等，可以最大限度地发挥每个人的潜力。毕竟，缺少创新能力的团队，无法应对迅速变化的市场环境，也没有战胜竞争对手的撒手锏。

能量巨大的团队，一定是人人敬业。管理者能够做到身先士卒，以身作则，他们痛恨表面上的前呼后拥，认为那些彰显了权利，但对团队形成凝聚力和战斗力没有丝毫益处。卓越的管理者会带领下属积极主动地开展工作，形成内在的强大驱动力，不浪费团队成员的时间，为团队目标的实现而努力。

能量巨大的团队，管理者和下属都有宽广的职业胸怀。管理者能够带领团队不断地学习，不断地超越别人、超越自身。管理者会因看到团队成员的成长而高兴，也因团队的逐渐变强而衷心感谢下属的努力。真正高境界的管理者，永远会将团队的利益放在第一位。

其实，带团队也是带自己，带队伍折射出的是管理者自己的影子。管理者不是通过管理下属体验到权威的力量，而是通过带领队伍不断进步而实现自我的价值，享受真正的乐趣。

总之，带团队是一项庞大的系统工程，是带领企业发展的第一重要的因素。卓越的团队是企业发展的基石，而卓越的管理者是带领团队走向卓越的灵魂。

这本书将告诉你，如何成为一名卓越的管理者。

第一章
领导力的建立

领导是团队的核心，领导力是构建团队的核心。卓越领导力能将团队打造成无敌的航空母舰，在商海搏击中战无不胜；优秀领导力能将团队打造成常胜战队，但达不到战无不胜的层次；一般领导力只能打造出一般战斗力的团队，掌控不了自己的命运，能否在商海中站住脚要看运气；而不合格的领导力只能让团队一盘散沙，毫无战斗力，在商海大潮中早早被淘汰。

◎ 紧握管理的基石——信念

信念是一种伟大的力量。拿破仑豪迈地宣称："在我的字典里没有不可能。"这就是拿破仑的信念，正是这种坚定信念，才激发出他无与伦比的政治、军事潜能，最终成为横扫欧洲的霸主。

很多事情的演变过程，其实就是信念凝聚或消散的过程。佛说："一念起，天涯咫尺；一念灭，咫尺天涯。"事情本身没有变，但因为人们一念之间的变化，事情便有了天涯或咫尺之分。一念可以理解为信念。事情不是因为难以做到才让我们失去信念，而是因为我们失去了信念才让事情变得艰难无比。

以信念为先导，适用于每个人，包括企业的管理者。企业面临的最大变数是随时会出现的危机与挑战，要想平稳度过危机，甚至寻找到新的发展机遇，就要求管理者要以坚定的信念为依托，有股"天塌下来我顶着"的豪情。如果管理者信念不足，面对危机和挑战丧失信心，摇摆不定，最后主动向危机投降，也就无法看到风雨之后的彩虹。

马云说："今天很残酷，明天更残酷，后天很美好，但是很多人都死在明天晚上。"很显然，死在后天光明之前的人，都是缺乏信念的。其实，成功的管理者并不一定具备高超的管理策略，而是源自超于常人的思维模式和坚定信念。

每个人的一生都注定要经历无数坎坷和磨难，信念就是人类战胜坎坷和磨难的脊梁。对于带领员工时刻在不可预知的竞争激烈的环境中冲锋陷阵的管理者，更不能缺少信念的脊梁。

欧·亨利的小说《最后一片树叶》中有这样一个情节：

一位得了重病的人，预感到自己即将死亡，无论家人如何劝解，他都认定自己活不长了。他每天的事情就是绝望地看着窗外一棵正被瑟瑟秋风摧残的树，他看着树叶一天天枯黄掉落，联想到自己的生命也已进入倒计时，心中无比悲凉。

一天，他突然发现还有一片葱绿的叶子挂在树枝上，虽然秋风劲吹，这片树叶却倔强地既不肯变黄也不肯掉落。病人心想，这片树叶很坚强，但再坚强也抵不过秋风，早晚还是会变黄掉落的。或许等到这片树叶掉落时，自己的生命也就结束了。

此后，病人每天的事情更加具体了，他的眼睛里只有这片树叶，他绝望地等待那片树叶飘落，也在悄悄等待自己生命的终结。但令他感到奇怪的是，直到树上仅剩下这一片树叶了，它还是那样葱绿，傲然挺立在枝头。时间一天一天过去了，冬天来临了，树叶在寒风中依然挂在树枝上，而病人却完全康复了。

当病人出院时，他来到树下，想看一看这是一片怎样的树叶，竟然能抵挡住大自然的风霜侵袭。当他终于将这片不同寻常的树叶拿在手中时，他哭了，因为树叶只是一位画家创作的小画作，是他的亲人为了带给他信念，请画家画的。病人痛哭着说，自己被树叶拯救了。

他的家人告诉他："拯救你的，不是那片树叶，而是你心中的信念。"

稻盛和夫在创业之初立下誓言："吾等定此血盟不为私利私欲，但求团结一致，为社会、为世人成就事业。特此聚合诸位同志，血印为誓。"正是凭借磐石般坚定的信念，稻盛和夫由创业之初的八人公司小老板，成为迄今为止世界上唯一一位缔造过两个世界500强企业的"经营之圣"。

稻盛和夫的成功就是信念的成功，他是一个不折不扣的有信仰、有信念的领导者。没有宗教信仰的人，很难感受到宗教信仰的力量；没有个人信念的人，别人也不可能在他身上感受到信念的力量。在稻盛和夫身上，人们强烈地感受到了无比坚定的信念的力量。

理查德·布兰森也是事业成功和信念坚定的人。理查德·布兰森是著名的维珍集团的主席和创始人，也是个极具个人魅力的管理者。在自传中，理查德·布兰森这样写道："我的信念是，每一天的每一分钟都应该全心全意地度过，并且我们应该不断地去发现任何人、任何事最好的一面。"

切不可忽视信念的威力，它能够指引我们前进的方向，决定我们面对世界的态度，影响我们生命的格局和成就。信念是激发我们潜能的引擎，也是我们获取成功和幸福的基石。

古今中外所有的伟大领导者，都有着坚定的信念。如果领导者摇摆不定，跟随他的人便会时刻处于焦虑之中。下属没有安全感，对领导就不可能有信任感。

伟大的古罗马前三巨头之一盖乌斯·尤利乌斯·恺撒说："影响我的绝不是环境，也并非遭遇，而是我在面对这一切时所持有的信念。"

事实上，管理者就是一个苦修之人。一个伟大的管理者，必然有坚毅如山的信念力！

◎ 三项定位决定领导层级

20世纪70年代，管理学大师斯蒂芬·P·罗宾斯把管理者分为三大类十种角色，这是对管理者最为准确的定位：

第一类：人际关系的领头人、领导者、联络者。

第二类：信息资源的监控者、传播者、发言者。

第三类：制定决策的战略决策者，对外谈判者，混乱处理者，资源分配者。

一、领头人、领导者、联络者

1. 领头人

管理者是团队的核心，是指引团队走向和发展的风向标。管理者首先要管住自己的嘴巴，话不能多说，更不能乱说，因为管理者的话不是代表他个人，而是代表整个团队。管理者对自己领头作用的认知叫作"领导意识"。若你作为团队的管理者，你要明白你个人的言行已经不再属于你个人，而是代表着整个团队的意志。

2. 领导者

管理者就是团队的领导者，关乎团队的生死存亡，因此必须要具备解决三大项任务的能力：

第一，起榜样作用。榜样就是标杆，标杆都有刻度。领导者首先要越过标杆的刻度，用自身标准的行动代替命令，既能带给下属动力，也能带给下属压力，领导者告诉下属的无声言语是："我既然能越过标杆，你们也一样可以，快去超越吧！"

第二，让下属想干。下属要服从领导者的命令，做好领导者交代的任务，这是无可厚非的。但下属如何做，以何种态度做，却非常有学问。合格的领导者能让下属主动去完成任务，还要心情愉悦；不合格的领导者只能逼迫下属去执行，下属必定心怀不满。其实，让下属主动干并不难，首先建立一套完整的规章制度，制度的核心是奖惩，制度要公平合理，并且坚决执行；其次在团队内建立物质激励、精神激励、目标激励并用的奖励机制，当下属的心中自动生发出动力，他们就会立即行动。

第三，让下属会干。下属有了榜样的带动，有了制度和激励为动力，就会满怀热情地投入工作中。但想干并不代表一定能干得好，要会干、巧干才可以。下属很可能会因为工作进行不下去而找领导解决，领导必须帮助下属想办法、出主意，成为下属的免费业务顾问。同时，"巧妇难为无米之炊"，领导还要在给下属安排任务的同时，分配一定的资源给他们。此外，必要的授权也是必须的，让下属放开手脚干。

3. 联络者

管理者就是促进团队上下沟通的联络者。促进上下级之间的交流，联络人与人之间的情感，促进团队内部与外部的沟通。但千万不能曲解联络的用意。有人就把联络简单定义为和下属一条心，同吃同住同劳动，大家像一家人一样融洽。试想，一个管理者整日留守在团队内部，那么他不可能建立外界的人脉，缺少外界的信息资源。管理者由于和下属接触过密，也无法客观了解下属的能力和工作态度。这样的管理者显然是不合格的。团队中上下级之间永远不可能不发生矛盾，而矛盾的焦点必定是利益，这样一位留守型的劳动模范式的管理者，会有什么好办法来解决矛盾呢？

优秀的管理者，一定能做到交际广泛，能够为企业和团队的发展指出光明的前景，善于让下属的能力得到充分发挥，并且第一时间认可下属的努力。管理者必须与外部保持良好的交流，这是由管理者的职责决定的。

二、监控者、传播者、发言者

1. 监控者

一个人提供的信息的可信度与这个人的权威性是成正比的。就像街边的大爷大妈们的消息常被称为小道消息，因为传播者是普通人，消息的可信度也大打折扣。如果街边站着一位亿万富翁，他随便说一句话，人们就会放在心上，因为传播者的社会地位让人们对他传播的消息格外看重。

我们看看团队中的情况。管理者如果能了解很多业内机密信息，他的下属就会对他产生"敬畏感"。因为这些消息让下属明白，只有管理者这样身份的人才可能知道，而普通人只能知道一些无关痛痒的大众信息。如果团队的管理者无法掌握很多重大信息，团队成员会对他产生"怀疑感"，甚至会思考：自己是否跟错了人？这个团队是否有希望？为什么我的上司知道得这么少？是不是他就快被业界淘汰了？

因此，为了避免让下属心生疑窦，管理者要尽可能收集、掌握行业的所有信息，扩大企业的信息来源。同时，还应该将接收到的大量信息进行筛选，然后向下属发布出去，这样有助于管理者对下属的管理和领导。事实证明，下属往往更加忠诚于如同信息中枢般的管理者，因为这样的管理者让他们能看到在本行业打拼的希望。

理想的管理者与下属的关系就如同如来佛与孙悟空的关系，管理者希望下属个个都是会七十二般变化的齐天大圣，但自己也应该是法力无边的如来佛，孙悟空再怎么厉害也跳不出如来佛的手心，这叫作"有效控制"。

2. 传播者

管理者不能为了彰显自己的地位和能力，而将所有信息都无条件地对下属公布，公布的信息要让下属觉得对自己有利、对工作有利。而核心的和不利的信息，只能由管理者一个人掌握。

3. 发言者

管理者就是团队的发言人，时刻准备着对内部或向外界发布有关团队的计划或战略等信息。

管理者对内部发言一般是以领导的身份主持会议或提出自己的战略规划。会议的内容通常有三项，一是总结前面的工作经验，提出改进方案，鼓励大家继续努力；二是安排下一阶段的工作，对人力、物力、财力进行统筹规划，以期发挥最大功效；三是进行人员调整，撤掉某人的职务，迎接新人进团队或升职等，但无论何种变化，都要做好对现有人员的安抚，不能让正常的人事调动产生负面影响。

管理者向外界发言的对象有两个，一个是上级，叫汇报；一个是在适当场合对平级的同事发言，叫通报。

汇报的最主要作用，不是让上级知道你做了什么，因为这从每日的工作报表中就可以看出来，汇报是不让你的上级感到他对你和你的团队失去了控制。不经常向上级汇报，还领导团队做得风生水起，上级必定会产生失控感。所以要通过定期汇报，让上级安心。汇报的次要作用是求助上级帮助解决工作中遇到的"瓶颈"，不要觉得自己无法解决困难会被上级小看，没有人是"万事通"，不可能什么都能解决，上级也是公司大团队的一员，帮助下属是他分内的职责。

同级通报通常发生在公司开中层会议之时，老板会要求各部门领导把本部门近期的工作给大家讲一讲，其实讲述近期工作并不是老板想听，老板已经从工作汇报中全部掌握了，这样做的目的是同级间的交流。一个公司的同级部门平时正规的沟通是很少的，而每个部门都是整个公司业务链上的一个环节，相互间进行交流、理解、协调、配合和支持是绝对必要的。

此外，通报也是展现团队工作成绩的良好机会。你是团队的领头人，团队做了什么，有多么优秀，你不主动说明，公司其他人怎么会知道呢！

当然，如果是企业的最高管理者，就没有汇报和同级通报了，只需要做好对内发言就可以了。

三、战略制定者、对外谈判者、混乱处理者、资源分配者

1. 战略制定者

战略决策是衡量企业最高管理者能力的核心标准。通过搜集、筛选、判断外界信息，再通过企业内部的决策评价机构审核，最终管理者要做出最有利于企业发展的决策，稍有疏忽，企业就会陷入万劫不复的境地。

2. 对外谈判者

对外谈判是企业高层管理者综合能力的体现。企业想要谋求发展，必须要寻找合作者，但合作者不会凭空飞来，要通过谈判达成双赢，双方才有合作的机会。管理者要想让企业得到良性发展，高超的谈判技巧必不可少。

3. 混乱处理者

混乱处理者是相对于企业中层管理者，也就是团队管理者来说的。

企业事务一般分为两类：一类叫"常规事务"，一类叫"混乱事务"。不要奢望企业只发生常规事务，不发生混乱事务，混乱事务是永远都无法避免的。那么，常规事务和混乱事务都有谁来处理呢？

一名员工来找领导，说自己被罚了 50 元钱。领导问，为什么罚？员工说，因为迟到。领导又问，因何迟到？员工回答，早上起来晚了。领导再问，公司是不是规定了迟到罚款 50 元？员工点头说是。领导说，那就好，你违反了公司规定，正常处罚，何须多言。员工哑口无言，只得离开。

这名员工引发的事情是"常规事务"，常规事务不用领导来管，由制度来管！

一名员工匆匆忙忙来找领导，说有两名员工在车间打起来了，打得头破血流，大家正在拉架。领导瞪着眼睛说："赶紧报警，这事我能管得了吗？让警察来治理他们。"

两名打架员工引发的是"混乱事务"，不在制度界定的范围内，而且形势紧急，必须由领导来处理。

有一点必须要注意，如果一个企业"混乱事务"发生较多，就说明这家企业的制度出了问题，制度没有完善也没有人性化，需要企业及时做改进。当然，我们不能奢望改进制度而避免"混乱事务"发生，因为制度与混乱相比，永远是滞后的。

4. 资源分配者

资源分配者既可能是企业高层管理者，也可能是企业中层管理者。一个企业由不同部门组成，每个部门由若干员工组成，要想将所有人的步伐协调一致，就需要对企业的资源进行有效的分配。高层管理者负责统筹安排整个企业的资源，而中层管理者则需梳理好自己的团队资源。具体到员工，如果所得到的资源公平合理，员工不会有任何异议，认真工作将成为常态；如果所得到的资源做不到公平合理，员工必然心生不满，没有办法集中精力工作。

◎ 活到老，学到老

现代社会，谁拥有开放的竞争意识，谁就能赢得先机。想要带领团队实现超越，就必须善于变化，精于学习，紧跟时代潮流，顺应形势，及时调整策略，寻找应对办法。

作为团队的领导者，必须与人为善、汲取新知、心胸开阔，使自己的精神和知识常新，生命能量才能源源不竭。蒙牛集团的创始人牛根生说："凡系统，开放则生，封闭则死。人亦如此。"拥有了开放的、不断求知的心态，才能敞开心扉，真心接受和理解他人，让新知识、新思想、新观念及时武装自己的头脑。

某木材公司开发一片森林，一个刚刚应聘来的伐木工被分派到指定区域工作。起初一个月，伐木工每天最少砍伐30棵大树，最多的一天砍伐43棵，老板对他很满意。

伐木工受到鼓励，心里很高兴，工作也更加努力。但是，在第三个月初，不好的情况出现了，伐木工砍伐的树木越来越少了，而且下降得很明显，一天最多砍伐十几棵。伐木工很纳闷，自己还和以前一样尽力，怎么数量却越来越少了呢？为了保住工作，伐木工每天最早开工，最晚收工，可砍伐树木的数量却更少，已经只有几棵了。

伐木工垂头丧气找到老板，说自己可能无法胜任这份工作了，每天的工作量太少了。

老板了解情况后，问道："你上次磨斧子是什么时候？"

伐木工一愣，惊讶地说："磨斧子？从来没磨过啊！我每天都尽力砍树，哪有时间磨斧子啊！"

老板笑着说："小伙子，天天都要用的斧子，你不磨迟早会钝，钝斧怎么能提高你的砍伐速度呢！"

伐木工明白了老板的话，回去磨了斧子，砍伐树木的数量立即又恢复到了 30 棵以上。

你有没有明白这位老板的意思？伐木工的斧子就像我们的大脑，斧子每天要用，大脑也每天要用，斧子需要打磨，大脑也需要充电。工作过程中，我们必须不断找时间补充新知识，否则，即便再努力，也会在新思潮的冲击下迷失方向。

每个企业都在着力培养核心竞争力，而每个人也在不断加强自己的核心竞争力。但是，加强竞争力的根基都是学习，不断学习，终身学习，这是唯一持久的、独有的竞争优势。

如今，各大企业的各部门都在向开放的学习型团队转变，因此领导者必须培养和提高自己的学习能力，学习新知识，拓宽知识面，从多方面丰富和提高自己，才不会被激烈的竞争所淘汰。

学习型领导必须具备的四个素质：

1. 自我提高，锐意进取，能够带动团队革新

为企业或团队打造一种创造性的张力，不断提高自己的知识技术和能力水平。企业或团队若想持续发展壮大，就必须与时俱进、主动革新，团队领导者应及时将新的管理理念带到团队中，实现制度、经营方式的双重变革。

2. 不断改变既有思维模式

信息化社会中，领导者必须时刻根据社会变化的需要改变自己的思维模式，根据员工的需要去改变交流、沟通和管理的方式。

3. 营造团队学习氛围

领导者不能只顾自己学习，因为领导者不仅要对自己负责，更要对整个团队负责。领导者要将整个团队的学习热情激发出来，把终身学习的理论引入团队中，让每一个员工都有学习的动力，具备学习的能力，这样才能团结

所有下属为了团队发展和个人价值的实现而奋斗。

4. 创造共同愿景

作为团队的领导者，要为团队成员树立两个目标，一个是短期内可以实现的，一个是长期愿景规划，并且领导团队成员为了共同的目标和愿景而奋斗。

学习型领导不能只表现在嘴上，也不能三分钟热度，要有持之以恒的精神，给下属做出榜样，这样的领导才能受到下属的敬重和爱戴。

想成为真正能力超群的领导者，只有天赋是不够的，更要靠后天的学习，要想获得持久的领导能力，就必须终生不辍地学习，做终生学习型管理者。

哈佛大学商业管理学院教授雷蒙德·格兰汉姆做过一项高端研究：对一千家位于美国东部，规模大小不同的公司的首席执行官进行调查研究，发现无论公司规模大小，无论身处何种行业，只要 CEO 善于学习，他的公司就比不善于学习的 CEO 带领的公司更有发展前景。事实也证明，真正能做大的公司，CEO 都是学习型的。

本杰明·富兰克林说："省下随处花掉的钱，花光口袋里剩余的钱，都用来充实头脑吧！因为，没有人能把你学到的东西拿走，没有什么比投资知识的回报更大的了。"

◎ 抛弃糟粕习惯

习惯是个奇怪的东西，看不见摸不着，一旦养成却很难更改。太多的人被习惯所制，无论工作还是生活，都只用一种方式。试想，如果一个人在某家公司工作了十年，都是同一种工作方式，一成不变，这和他只在那家公司工作一天有什么区别呢？工作和生活一样，都可以让人不断进步和感到充实，但很多人都甘愿囿于习惯，导致一事无成。

当然，一些人的习惯非常好，好习惯也帮助他们成就了事业，但大多数人的习惯非常糟糕，严重影响了个人前途。这些人的问题就在于他们对于生活和工作都不够用心，忽视了生活和工作能带给他们的巨大收获，当然就不会收获好的生活、好的工作以及好的前途。而用心的人、用心的企业一定会非常注重细节，看到有阻碍自身发展的习惯，会立即抛弃，努力改正，即便改正的过程犹如破茧重生一样痛苦，也要坚定地寻求改进。

火车站是一个人流量非常大的场所，三教九流，各色人等，每天都在这里往来穿梭。正因为环境复杂，有人坐错车的情况时常会发生，很多人也将这种现象视为正常。那么多车，那么多人，车站的工作人员又有限，出点儿差错在所难免嘛！在这种公认的常态情况下，是否有人想过要改变呢？并且不需要大动干戈地改造火车站或者增加人手就可以做到呢？

日本东京火车站就很好地解决了旅客坐错车的情况。东京地铁站分为地上、地面、地下三层，十六个进出口，每天至少接待两百万人，但奇迹就在这里发生了，年平均坐错车的事情不会超过七十起。之所以会这么少，是因为月台上圆圈的颜色和要乘坐的火车的颜色以及自动售票机出售的车票的颜色是相同的。

比如，旅客从自动售票机上买一张到神户的车票，车票是红颜色的，旅客就上红颜色的月台候车，进站后上红颜色的火车。这样的流程，保证了只要旅客不是色盲就不可能坐错车。

东京火车站曾经也因为人满为患导致旅客坐错车的情况时常发生，这样既增加了旅客出行的困难，也给火车站带来额外的麻烦。一位聪明的火车站工作人员就想出了这个办法，当时有人反对说："火车站坐错车大家都习惯了，没什么，只要改签，等下一趟就可以了，为什么要更改月台颜色，花花绿绿的，不让人看花眼吗？"还有人说："月台这么多，火车这么多，好分辨的颜色不多，肯定会有接近的，到时候旅客因为无法分辨清楚颜色而乱坐火车不是更麻烦吗？"

但东京火车站的领导者敏感地意识到月台更改颜色，打破常规习惯所带来的好处，于是坚定支持更改月台的颜色，并且想办法将月台的颜色区分开，给旅客带来方便。

这就是打破常规习惯的做法。常规习惯若能好处连连，我们当然要坚持，若是接连产生麻烦，那就要想办法解决，不能因为已经形成习惯就得过且过。作为企业的领导者，要更加坚定地改掉不好的习惯，将这些影响企业发展的毒瘤尽早剔除，引领企业走上良性发展的轨道。

◎ 用广角镜看世界

田忌赛马的故事人人皆知，为了帮助田忌取得和齐威王赛马的胜利，孙膑采取下等马对上等马、上等马对中等马、中等马对下等马的计策，一举扭转了田忌之前的颓势，战胜齐威王。

孙膑生活于两千多年前，那时候只有谋略、计策的说法。按照现代人的思路，孙膑采取了完整的系统思考的方法，在马匹实力等条件均无改变的情况下，对现有资源进行系统整合，将劣势奇迹般转化为优势。

其实，任何一家企业想要持续发展，都需要领导者给企业安装"增长引擎"。这个"增长引擎"就是将若干经营要素融合在一起，构成一个环环相扣的系统，这个系统会不断自我增强，从而使公司不断发展壮大。

因此，现代企业更需要善于系统思考的领导者。系统思考可以使领导者更加清楚地知道与先进管理理念之间的差距，提高从全局着眼观察事物的能力。

系统思考看似复杂多变，其实就是让人们拿着广角镜观察世界，通过放大观察的角度来增强对世界的认知，最终帮助领导者认清事物整体的变化，了解应如何有效地掌握变化，开创新局面。

美国通用汽车公司曾一度陷入经营危机，高端产品竞争不过欧洲定制型汽车公司，中端产品竞争不过欧美众多大品牌公司，低端产品的市场也被日韩企业占领了。在企业岌岌可危时，通用公司制定了"先挽救低端产品市场，再重新进军中高端产品市场"的战略。

低端汽车市场向来是日韩企业的天下，尤其是日本。为了学习日产汽车超高水平的精密度与可靠性，通用公司买来数辆本田、丰田、三菱、尼桑等品牌的汽车，然后组织工程师进行拆解，以了解其装配流程。

通过拆解，通用汽车公司的工程师发现了日产汽车与众不同之处：汽车发动机盖上有三个地方需要用到螺栓，日本汽车用的是型号完全相同的螺栓，而美国汽车使用的却是三种不同型号的螺栓。在汽车其他部位也发现了此类问题，日本汽车整体协调性非常高，而通用汽车就像是拼凑出来的一样。

出现这样的情况并不奇怪，日本汽车公司是由一名设计师负责整个引擎或范围更广的装配。而通用汽车公司负责零部件设计的竟然有五个工程师小组，每个小组只对自己的工作负责，从不协作沟通，因为他们都认为自己的设计是最好的。

这样的情况导致通用汽车的装配效率很低，还增加了工作成本，并给日后维修造成了很大不便。此外，因为各工程师小组彼此不合作，导致通用汽车的性能无法做到最协调的状态，返厂率非常高，这也是即将拖垮通用汽车公司的元凶。

通用汽车公司的每个部门都是"各扫门前雪"的思维方式，他们完全忽略了公司的整体布局，没有做到用广角镜看世界。

作为公司的领导者，想养成系统思考的习惯，用广角镜去看世界，必须时刻提醒自己做到下面三点：

1. 防止分割思考，注重整体思考

各部门都埋头苦干，奋力想将自己的事情做好，认为这就是对企业最大

的贡献。但随着现代企业的自动化程度越来越高，良好运作的企业只有拼命三郎的作风是不够的，各部门相互之间的沟通愈加重要，每条生产线上的分工愈来愈细，而由许多流程串联而成的生产线也越来越多。因此，作为领导者，时刻都要以整体性思维来经营管理企业。

假如，企业的生产设备进行了更新换代，一共形成了 10 条大型生产线，设备的安装和调试也已完成，人员也进行了精心培训，投入生产后，每条大型生产线由 100 个岗位整合串联而成，每个岗位的可靠性高达 99%。这是不是看起来非常美妙了呢？因为很多人会说："这样可以啦，哪里能达到 100% 的可靠性呢！"好！现在我告诉你，系统可靠性工程理论认为：整条生产线的可靠性应等于各个环节可靠率的连乘。就本例来说，100 个 99% 连乘，得到的结果约为 36%。这就是一条大生产线的可靠性。36% 的可靠性意味着什么？每生产三个产品，就会有两个是不合格的。如果你是另一家公司的领导，你会和一家生产可靠性仅有 36% 的企业合作吗？

因此，作为企业的领导者，绝不能只看眼前，而要看得长远，要考虑每个环节对整个系统的影响。想成为卓越的企业领导者，你的企业中的任何一个环节的可靠性必须达到 100%，没有商量的余地。

2. 防止表面思考，注意本质思考

能否透过现象看到本质，是衡量企业领导者能力高低的一个标志。社会变化万千，竞争异常残酷，问题层出不穷，难题接二连三，如何化解危机？如何解决矛盾？如果只是看到事情的表象，就像乱拆毛线团一样，只能越拆越乱，最后成为一个死结。

人的大脑是有惰性的，只对变化幅度大的事情敏感，而对缓慢变化的事情会一带而过，认为不会形成危机或是距离危机尚早，于是错过了防患于未然的好时机，最终给企业带来难以挽回的损失。透过现象看到本质，就是要看到事物最核心的问题，这样才可以做到未雨绸缪。

3. 防止静止思考，注意动态思考

企业是社会组成的一部分，不是孤立存在的。对外，企业要时刻保持与社会、行业的信息交换；对内，企业要组织好人力、物力、财力资源的分配。因为世界是变化的，信息每时每刻都在变化，这就要求领导者在思考问题时，不能用静止的眼光看问题，而要做到动态思考问题。

◎ 是做"大哥"还是做"领导"

现实中，很多管理者没有建立科学的管理体系，仅凭"江湖义气"带队伍，给企业发展留下了巨大的隐患。之所以会有"义气型"领导，是因为中国人向来将"义"看得很重。"君子义以为质，得义则重，失义则轻，由义为荣，背义为辱"，就是古代中国人对"义"的最好诠释。

但江湖义气毕竟只适用于传说中的江湖，而现代社会纷繁复杂、变数不断，"义"已经脱离了原有的定义，演变为盲从，缺乏理性，与制度、人性背道而驰，对个人和社会的危害都在逐渐加剧。

在一些中小企业中，身居要职的往往是老板的亲朋好友，他们仰仗着和老板的特殊关系，在企业中趾高气扬，不服从企业的管理制度，恣意妄为，还随意指手画脚，干扰其他员工正常工作，这都是在现代企业不可容忍的事情。如果领导者希望把企业做大做强，就应该立即制止导致企业混乱的所有做法，将不能满足企业需要的人全部清退，不管是什么关系，决不能心慈手软，因为领导不是"带头大哥"。

如果你不清楚怎样才算是"义气型"领导，我们来看一看他们的具体特征：

（1）凭借第一印象来判断他人的品行，武断做出判断，又武断给出结论。

（2）做事豪爽，雷厉风行，但感情用事，缺乏原则，更不懂得和下属沟通。

（3）意气用事，对于看不惯的下属，没有丝毫容忍心，没有理由地进行贬低甚至攻击；而对于自己青睐的下属，容忍度极高，无论做什么错事都能睁一只眼闭一只眼。

（4）建立小团体，刻意谋求小团体利益，而忽略大多数员工，以维护小团体利益为最高任务。

（5）将个人恩怨凌驾于企业制度之上，喜欢一手遮天的感觉。

总之，"义气型"领导虽然是制度的建立者，却不能以身作则遵守制度，常以"一言堂"的方式将制度推翻。

《三国演义》中的诸葛亮，是治军严明、谋略出众、忠君爱国的典范。诸葛亮出山后，历经大小战争无数，建立了赫赫威名。刘备临终前，特意嘱托诸葛亮说：马谡言过其实，不可重用。诸葛亮表面同意，但心里对马谡依然很器重。在重兵南下征讨孟获之时，基本都是和马谡商议计策，别人只负责冲锋陷阵就可以了。

南方平定后，诸葛亮率军北伐，马谡自然随行。诸葛亮和冤家对头司马懿都看出街亭是关键之地，必须占据。因为街亭关系重大，影响全局输赢，诸葛亮在斟酌派谁去守街亭的问题上，思虑再三，十分慎重。马谡认为自己历来都是参谋，不曾亲自领兵打仗，他想争夺军功，便主动请缨，要求守街亭。

起初，诸葛亮是犹豫的，他想到了刘备临终的嘱咐，也认为马谡缺乏实战经验。但马谡求战心切，立下军令状，以全家性命一搏。最终诸葛亮对马谡的赏识和器重之情占据了上风，同意马谡领兵两万去守街亭。为增加胜算，诸葛亮又派了大将王平辅佐马谡，还三番五次嘱咐马谡要当道扎营。

诸葛亮认为自己的安排已经天衣无缝，岂料马谡到了街亭便不遵守诸葛亮的命令，让士兵在一座孤山上扎营，任凭王平如何劝阻，马谡都拒不听从。最终，马谡率领的军队被司马懿率领的魏军击败，街亭失守。诸葛亮只能带领大军撤回汉中，将血战数月才得到的大片土地拱手还给了魏军。诸葛亮还在西城玩了一场惊心动魄的空城计，才惊险地逃回汉中，这都是马谡刚愎自用的结果。

失街亭表面看是马谡自视甚高、不听劝谏造成的，其实主要责任应该由诸葛亮承担。马谡跟随诸葛亮多年，性格特点早已暴露无遗，连刘备都能看出马谡言过其实，诸葛亮怎能看不出来？但诸葛亮偏偏就因为个人好恶容忍了马谡，在关乎全局胜败的重要战役中，不以大局为重，而是像"带头大哥"一般接受了马谡的请战要求，最终付出了惨重代价。

由此可以看出，作为一名企业或团队的领导者，避免"江湖义气"的行事作风是非常关键的。

第一，不可搞一言堂。1900 年，慈禧太后以绝对权威，不顾光绪皇帝等人的反对，坚持"对外宣战"，之后八国联军入侵北京，慈禧太后仓皇逃往西安，最后签订了丧权辱国的《辛丑条约》。

现代企业的管理者决不能以慈禧做榜样，要懂得以身作则，严格按照公司的规章制度做事，约束自己的言行。在做出决策之前，要与公司中高层领导进行协商，征求意见，逐步完善，最后才能发布。武断做出的决策，不仅往往有失周全，对其他领导也会造成心理伤害。

第二，不可厚此薄彼。作为领导者，首先要公平地看待每一位下属，按照规章制度办事，工作效率高的要奖励，工作效率低的要惩罚。"大哥型"领导是按照和员工的亲疏关系进行管理，自己看得上的员工，犯了错误不追究，而自己看不上的员工，有了贡献也装作看不见。这种做不到公平对待员工的公司，是不可能留住人才的。

第三，不可意气用事。一个负责任的领导者，时刻都能以冷静的心态看问题，知道什么时间该做什么，什么事情必须坚持，什么事情必须放弃。优秀的领导者不会因为一时的义气而冲动，冲动是魔鬼，魔鬼引导我们做的事情只能造成麻烦，不可能有好事。

第四，不能拉帮结派。在公司中，物以类聚，人以群分，员工喜欢拉帮结派，一是可以结交朋友，二来可以增加盟友。底层员工这么做，一般不会影响到企业的正常运转。但是，如果公司高层也形成了帮派，就会严重影响公司的运转。这样的企业内部往往弥漫着浓厚的"江湖"气息，因为老板在创业初期都是依赖朋友的支持，在企业规模壮大后，这些曾经的襄助者开始寻求回报。中国人是讲究"知恩图报"的，老板怎么可能忘记贫贱之交，于是老板的朋友们就开始论资排辈，在企业中担任各种要职，各自称霸一方，形成小利益团体，他们不再将企业的利益放在首位，而是将全部精力放在争夺小团体的利益上，最终会拖垮刚刚成形的企业。

其实，这种利用情感资源的做法，在企业创立之初会有效果，但持续下去必将酿成许多恶果。在企业规模扩大后，人与人的关系越来越需要规范化，这就要求企业的管理必须落实到具体工作上，工作目标和标准必须明确。所有的交情都必须为规章制度让路，做到公平管理，能者上，庸者下，不能让一些没有能力却贪图私利的人永远躺在过去的功劳簿上享受。

当然，我们也不能完全否定"义气"，这毕竟是中国数千年来的文化精髓，但对于"义气"必须要有正确的理解。我们提倡的"义气"，是一诺千金、勇于担当、忠诚可靠、尽职尽责。管理者带队伍时需要发扬这种良性的"义气"，摒弃不良的"义气"，让员工都有高昂的士气，让企业有光明的发展前景。

◎ 带给员工可靠性和安全感

如果有一天，你买彩票中了500万大奖，兴奋之余，你要把钱放好，你不想存进银行，更不敢藏在家里，你想要存放在某人那里，让对方写好收条，你会选择谁呢？如果连收条都不写，你又会选择谁呢？对方到时会不会返还给你呢？

如果可以写收条，你应该能更快速地找到存放的对象，但如果不写收条，你恐怕就会费尽心思了，很多人可能连一个可靠的存放对象也找不出来，觉得谁都不值得信任。之所以会这样，就是对他人的可靠性和安全感不放心，认为他人是不值得托付的。

对于在企业中工作的员工而言，虽然他们所选择的企业不能一下子让他们拥有 500 万巨款，但却关系到员工近期和远期的人生发展。也就是说，员工到某家企业工作，就等于是将未来人生的前途交付给公司，员工可以很努力、很敬业、很称职，但是企业能不能给员工一个公平合理的上升平台呢？能不能让员工的付出得到及时的回报呢？能不能为员工的进一步上升提供平台呢？诸如此类的很多问题，都是员工关心的。毕竟一个想有所作为的员工到企业工作不仅仅是为了赚取能够养家糊口的薪水，他们需要有晋升的通道，需要实现自己的价值，这就需要企业来为员工提供。说到具体的，就是管理者用公平合理的制度、人性化的管理、积极的态度来为员工创造向上流动的机会。

当企业管理者能做到真心为员工着想，必然会在员工心中种下可靠性和安全感的种子，员工会认定在这家企业工作能让自己得到公平竞争的机会，只要付出努力，就一定能得到回报，而自己人生的前途也可以掌握在自己的手中。

很多管理者或许会问，如何才能带给员工可靠性和安全感呢？其实并不难，只要企业管理者保持一颗正直守信、公平待人的心即可。

明朝著名的清官海瑞，一生清廉无私，关心百姓，冒死谏言。万历十五年，海瑞在南京病危，万历皇帝得知消息，立即派吏部、兵部、户部送来赏银。三部官员来到南京，交接了赏银后便离开了。家人清点时才发现，竟然多出了很多银子，立即禀报海瑞。此时海瑞已经病入膏肓，但当他听说赏银多了的时候，立即让家人将多出的部分如数退还。

总管说："老爷，不就是一些银子吗？既然都带来了，就说明朝廷也没检查出来，无所谓吧。"

海瑞强撑病体，说："对你来讲，叫作一分银子；对我来讲，叫作终生的人格。"

当多出的银子退回到京城时，海瑞已经病故了，万历皇帝听闻海瑞退银之事，感慨地说："海瑞真乃清官的楷模，是百姓和朕的依靠。"

作为皇帝，九五之尊，能将一位臣子说成自己的依靠，可见海瑞在皇帝心中的地位。海瑞能赢得此种地位，就是因为他正直守信的品格，海瑞把忠信当作立身之本，赢得了朝中上下的尊敬和全国百姓的爱戴。

曾国藩创立湘军后，与太平军作战取得了几次胜利，终于挽回了清军同太平军作战每战必败的颓势。后来，湘军越战越勇，和太平军作战从败多胜少变为胜负持平，最后终于变成了胜多负少。是曾国藩用兵如神吗？不是。曾国藩是一介书生，如果不是因为太平天国运动爆发，他一生可能都不会去领兵打仗。湘军之所以会取得胜利，和曾国藩用人得当有巨大关系。

当时，曾国藩的几个弟弟——曾国潢、曾国华、曾国葆、曾国荃都随军作战，但这几个弟弟除了曾国荃能打仗以外，其他三个都不是这块料。曾国藩没有丝毫偏袒，曾国荃能打仗，立了军功就写在功劳簿上，其他的弟弟没有军功就不会给他们冒功请赏。其中，曾国潢还因为不听将令导致损兵折将而受到过严惩，差点儿丢了性命，曾国华也因为打了败仗让曾国藩赶回了老家。但很多大将，比如杨载福、彭玉麟等人功勋卓著，曾国藩就如实呈报。

这样一来，湘军形成了有功必赏、无功无赏、有过必罚的制度。人人都心服口服，湘军作战自然勇猛，大家都想着杀敌立功、封妻荫子。

试想，如果曾国藩没做到公平对待下属，拼命给弟弟们报功劳，而隐瞒其他将领的功劳，湘军还会有强大的战斗力，大家还能尊敬他吗？湘军会有令行禁止的严肃军纪吗？会打败太平军吗？一切恐怕都将成为泡影。

一个人一生中如果能让别人觉得靠得住、信得过，是非常不容易也非常可贵的。管理者能让员工当成主心骨，带给员工安全感，员工便能一心跟随管理者的步伐完成工作，也实现自己的人生目标。

◎ 用自己的乐观向上鼓舞团队的士气

2006 年，美国波音公司的 CEO 艾伦·穆拉利跳槽到福特汽车公司当 CEO，这件事在波音公司上下造成巨大震动，因为穆拉利的举动很突然，事先没有透露一点儿风声。现在，庞大的波音公司没有了掌舵人，这是非常可怕的。公司副总裁斯科特·卡德隆临危受命，成为新一任 CEO。卡德隆匆忙中就任 CEO，心中难免忐忑，但已然授命，就得为波音付出所有努力。

就任 CEO 的第二天，卡德隆召集公司中高层管理人员开会，他的开场白是："我现在正在思考。"

一句话让大家屏息凝神地认真倾听，卡德隆接着说："我认为，我们的机会来了！"

设计部首席执行官大卫·波德尔问道："您认为是什么机会呢？"

卡德隆微笑着说："是可以让波音压倒空客的黄金机会。"

"是吗？"波德尔继续问："能和我们说说吗？"

卡德隆爽朗大笑，高声说："现在各部门做好本职工作，严把质量关，随时等待公司阻击空客的指令。"

大家听完也乐了，虽然卡德隆没有具体说，但看 CEO 的状态，显然已经胸有成竹了。各位高管心里都挺高兴，穆拉利撂挑子的惶恐感顿时消失了。基层员工也很快知道了新任 CEO 的能量，竟然一上任就有了打压空客的想法，大家全部等待着指令，工作情绪高涨。

其实，所有人都不知道，此时的卡德隆并没有发现任何能打压空客的机会，他也没有任何策略，但他必须表现出心中自有百万雄兵的气势。因为公司刚刚被前任 CEO 炒了鱿鱼，现在处于动荡阶段，从上到下对他这位新任 CEO 不是非常信任，大家都在观望，况且外部还有强大的空客公司虎视眈眈，时刻想着要蚕食波音，如果这时卡德隆表现出的是焦虑不安、坐立不宁，下属们就会心慌，他们会担心公司的前途，也会担心自己的前途。当公司处于慌张气氛中时，一切的管理、创新和执行都将成为空谈。

卡德隆在笑谈中化解了波音的危机，而且黄金般的机会也真的随之来临了。当时空客公司研制的 A380 是世界上最大的商务客机，有 7 层楼那么高，内部的豪华程度令人咂舌，因此被誉为"空中的五星级酒店"。空客 A380 舱内布局根据客户要求设置，有 555 个舒适豪华型座位，分为上下两层客舱。A380 擅长长距离飞行，最远航程为 1.4 万公里，能连续飞越印度洋、太平洋和大西洋。

但是这样豪华的客机，从研制到制造到最终交货，可不是件容易的事儿。A380 已经两次宣布延迟交货时间了，这次又宣布交货时间再推迟一年。加上前两次的推迟，这款飞机的实际交货时间比合同中规定的日期晚了近两年。空客迟迟交不出货，客户忍无可忍，纷纷表示要取消订单，空客一边想说服这些客户，一边还要支付大量的违约金。但即便态度诚恳，很多客户还是决定取消订单，第一家是联邦快递公司，取消了所预订的 10 架 A380，转而订购了 10 架波音 787 客机。按照飞机的标价计算，这笔订单的总价值约为 25 亿美元。随后，数家大型公司都向波音公司预订客机或者货机。

波音公司接到这些订单后，卡德隆迅速组织管理层研究对策。经过商讨，形成了一致意见：世界上的大国如俄罗斯、中国、美国、加拿大、澳大利亚、巴西、印度等，全部航空市场所需加起来至少需要一万架客、货机，而且飞机并不需要一次性飞跃好几个大洋，A380 那样的设计纯属浪费。最终，波音决定将飞机大小定为 200 ～ 300 个座位的中型机。飞机小了许多，成本下降了，研制过程也简便了很多，波音没有重蹈空客覆辙，提前交货了。而且，因为波音 787 客机性能卓越，一跃成为客机市场的主流。等到空客 A380 制造完成后，市场份额已经所剩无几了。

人生难免都有不开心、不如意的时候，管理者因为面临的事情纷繁复杂，烦恼的时候会更多，但无论如何，都不能萎靡不振甚至垂头丧气。作为企业的管理者，必须要用内心的积极驱走阴霾，用自己的乐观向上激励自己奋进，也鼓舞团队的士气。

◎ 高明的领导懂得"高低结合"

台塑集团创办人王永庆曾说："作为企业家，要带出一支执行力和胜任力兼备的队伍并非易事。企业家也是人，有着做人和成事的双重难处。因此，管理者若想有所成就，必须学会为人处世，要低调做人，高调做事，这样才能促进队伍不断成长。"

低调做人、高调做事就是把自己调整到以最好的心态，去踏踏实实做实事，并以诚待人、公正处事、积极行动、持之以恒。

现实中很多管理者正好将低调做人、高调做事诠释反了，他们认为自己才华出众、可堪大任，便处处张扬，对团队成员要求过严，真到了有事发生时，却犹如马尾穿豆腐，根本提不起来。这样的管理者往往都眼高手低，好高骛远，缺乏脚踏实地的实干精神。

如果一个管理者，现在仍然处于这样的状态，那么请你一定要扪心自问：我的所作所为，真正给团队带来价值了吗？如果答案是否定的，就说明管理者不懂得控制自己的欲望，不懂得虚己待人，不懂得低调做人、高调做事，那么打造高效率的团队只能是痴人说梦罢了。

下面列出四项指导管理者低调做人、高调做事的方法：

1. 少些"恃才自傲"，多些"虚心纳谏"

虽然身为管理者，但不要认为自己就是团队中最聪明、最智慧的人，别人只能甘拜下风。现实一定不是这样的，任何一个高效团队都是由许多业务精英组成的，有的是技术尖子，有的是销售能手，有的是创造大王，而管理者最该做的是整合下属的智慧，做出正确的决策，指引下属在正确的路上不断前进。如果管理者没有容人之量，不够谦虚，只顾在团队中彰显自己的"本事"，那么团队最终一定会走向末路，因为一个人的智慧永远撑不起整个团队。

2. 少做"疑心之举"，多"用人不疑"

管理者不可能亲身去做所有事情，执行必须要交给下属，那么就要做到用人不疑，疑人不用，不能用着别人还怀疑着别人。当管理者不能给予下属充分信任时，不仅仅是否认了下属的能力，也否认了自己的用人的智慧，还伤害了下属的自尊心。管理者的怀疑是一定不会收获下属的忠心对待的。

3. 少点"高不可攀"，多点"和蔼可亲"

一个人就算才智过人，但如果他过分张扬卖弄，就一定会遭到明枪暗箭的攻击。管理者要想在团队中保持长久的"领导"地位，并与下属关系融洽，姿态上要低调，工作上要踏实，为人要有亲和力，而不是常常展示权力。少点"高不可攀"是一种智慧，是带好队伍的资本，多点"和蔼可亲"是一种谋略，能放低姿态的管理者，在下属的心目中也必然是亲切而值得效忠的。

4. 少学"稳坐指挥"，多学"亲力亲为"

管理者不可以工作在第一线，却可以在自己的岗位上勤勉工作，给员工做出榜样。有些团队之所以低效，是因为管理者从来不曾激发、鼓励员工，更做不到以身作则，员工的工作热情和工作潜能一直未被激发，当然不可能做到最好。

管理者只有以身作则，才会让"低调做人，高调做事"的理念根植于每一个员工的心底。这样一来，整个团队必然会充满活力，高效地完成工作，管理者也会成为值得下属信赖的优秀领路人。

第二章
团队管理的基石是制度

制度是企业的准绳，是管理者手中的标尺，是领导力的载体。优秀的制度不仅有助于领导者掌控团队，也有助于领导者发现人才、运用人才，更有助于领导者带领团队走向辉煌。制度成功，团队就走在成功的通路上；制度失败，团队一定难逃瓦解的命运。

◎ 领导要起表率作用

有句名言说："一只绵羊带领的一群狮子，肯定敌不过一头狮子带领的一群绵羊。"这说明领导者的作用有多大，优秀的领导者能将一群柔弱的绵羊带成威风八面的狮子，而不合格的领导者能将原本杀气腾腾的狮子变成软弱可欺的绵羊。

领导者在团队中的作用是决定性的，不仅决定了团队未来的发展走向，也决定了团队成员的价值大小，还会不自觉地成为被下属效仿的榜样。因此，领导者的表率作用会产生巨大的影响力，通过领导者榜样般的言传身教，下属会自觉地凝聚在一起，形成巨大的团队战斗力。

也就是说，在团队中，要求下属以怎样的态度对待工作，领导者就要以怎样的态度对待自己的工作。作为领导者，当下属前来寻求帮助时，不应以任何借口搪塞，要努力帮助下属渡过难关，否则下属会对领导失去信任。

海尔集团董事长张瑞敏有这样一段经典论述："一个企业里面，领导者和员工是什么关系？我是这么看的，员工相当于阿拉伯数字 0。第一位的 1 是有效数字，带一个 0 就是 10，带两个 0 就是 100……1 是最为关键的，也就是领导者。很多企业吸收了不少有水平的大学生、研究生，甚至海归，但依然无法做好，原因不是后面的 0 不够努力，而是前面的有效数字不对，没有成为 1

甚至更大的数字，还停留在 0 的阶段。"

张瑞敏的这段话阐述的核心观点就是领导者的带头作用。对于领导者而言，无论后面的 0 有多少，是否有不合格的，如果领导者本身达不到 1 的标准，最终的管理效率也只能归零。

著名的国际跨国公司——壳牌集团，没有专门为领导者服务的员工，每名员工都有固定的职责，领导者必须亲自去做自己的工作。如果领导者请他人代劳，便被认为是对自己职责的亵渎，更是对下属的剥削，这不仅不利于领导者自身水平的提高，还无法让自己赢得下属的尊重。壳牌集团推崇的工作理念是"领导者的工作自己做"，集团内部从上到下形成了一个良好的执行氛围。

中国企业的领导者应该学习壳牌集团领导者的工作作风，因为我国很多企业领导的讲话、发言、报告等涉及文字的工作，一律由秘书代劳，领导只负责登台念稿子。领导自己分内之事还需要别人代劳，这种行为在已经形成管理规范的企业中是不可思议的。

日本三洋公司创始人井植薰也是身体力行的践行者，他常说："不能打造优秀的自己，怎么谈得上打造优秀的人才！只有优秀的领导人才能打造出优秀的人才，再由优秀的人才去制造优秀的商品。不断努力打造更优秀的自己和更优秀的人才，就是三洋公司的核心理念。"

一位记者采访井植薰，问道："您现在年事已高，还坚持以身作则，有必要吗？"

井植薰严肃地回答说："这是最有必要的事情，我必须要坚持，累不是理由。我不以身作则，对下属就没有号召力。我作为三洋的董事长，大家时刻都在注视着我的行为，我必须要谨言慎行，不能有半点儿失误。"

井植薰是严于律己的，从来不将自己当作特权阶层，要求别人做到的，他自己首先做到，公司的规矩制度，也是极力遵守，从不纵容自己越轨。井植薰的自律经营哲学，感染了三洋公司的全体员工，员工们都以他为榜样，大家都努力做到最好。

井植薰这种"欲善人先善己"的模范表率精神，让三洋公司的所有员工都充满激情地去追求卓越。于是，三洋公司不断制造优秀产品，取得了辉煌的成就。

领导者必须身体力行，通过全面的自我约束，以自身作为示范，对下属产生正面影响，这样下属才能跟随领导共同努力，共创辉煌。

◎ 规章原则大于情面

麦当劳和肯德基是享誉世界的快餐霸主，他们有一个共同的现象很值得人们思考：就是员工的流动性非常大，从高层领导到中层店长再到下层员工。你如果不信，可以随意选择一家麦当劳或者肯德基，用DV把里面的员工都录下来。一年以后，再去同一家店，你会发现，那里的员工几乎全部换过了。

一直能保持良好执行力和工作热情的人是非常少的，员工刚开始工作的三个月，因为不熟悉环境，充满挑战性，工作会很有热情；接下来的三个月，因为刚到熟练期，内心兴奋，工作也有热情；随后的三个月，员工开始厌烦每天一成不变的工作，懈怠和烦躁的情绪逐渐滋生；一年中最后的三个月，员工工作起来心不在焉，出错的概率开始增大，公司就准备让他们走人了。这就是麦当劳和肯德基的经营理念。

其实，在麦当劳和肯德基工作只要超过一年，都会被视为店长的候选人。但是，令人感到遗憾的是，十名员工里，最多只有一人会坚持干满一年，坚持两年甚至三年的，更加稀缺。而这些一直做得非常好的员工，公司是决不会亏待他们的，薪水和职位都会得到提升。这就表示，公司会根据员工的表现赏罚分明，好的要坚决留下、提升，差的就要被淘汰掉。

中国的企业在赏罚上做到分明的很少，裙带关系和江湖习气会遮蔽一些领导者的双眼，他们将规章制度扔进垃圾桶，按照自己的喜好评价员工的价值。当人才受了委屈，就会离开；而庸才得到重用，只能加深对企业的破坏。

一般来说，外企在赏罚上有三个特点：

1. 外企对制度非常坚持

外企是绝对不会因为某人是老板的亲朋或某人是企业元老而容忍其犯错的，每个人都必须打起十分精神，尽量规避错误。如果谁犯了错误，就必须按照制度处罚，不用寻找任何借口。即便是企业领导者，也不能游离在制度之外，要以身作则，给下属做好榜样。

而一些国内企业，则可能因为某人是老板的亲属或某人是企业元老而网开一面，这必然导致其他员工心怀不满，大家都认为企业赏罚不公平，严重影响工作热情，还有些人会效仿，挑战企业的管理底线。尤其国企的领导者习惯游离于制度之外，行事作风无法给下属起表率作用。

2. 外企量化考核精准明确

量化考核是企业衡量员工工作效率的标准，外企严格执行，一丝不苟，让每名员工的工作业绩在考核表中都能得到精确的反映。而一些国内企业的考核常常掺杂人情因素，员工的考核会被某些因素所左右，这样容易埋没真正的人才。

3. 外企处罚和人情无关

因为员工没能按照标准做事，所以才会受到处罚。处罚的真正目的，是让被处罚员工接受教训，让其他员工受到警示。因此，处罚必须做到公平、公正。外企在惩罚上，一般能做到有一说一，有二说二，该罚的必须罚。而一些国内企业在处罚时，面临的困难就多得多，人情、面子都要照顾，最终惩罚很难落实，既起不到训诫的作用，也达不到以儆效尤的目的。

◎ 不需要理由：能者上，庸者下

美国企业管理学家巴贝尔·施密特说："如果企业家视奖赏员工为好事，视惩罚员工为苦差，那么他们便会选择逃避惩罚，希望问题会自动解决。但事实是，逃避惩罚只会使问题越来越严重。有完整制度的企业，更能圆满地解决管理问题，对企业的发展和员工的前途都有良好的影响。"

企业要想得到良性发展，赏罚必须要兼顾，只赏不罚，员工会滋生惰性；只罚不赏，员工必会产生怨气。因此，管理员工的技巧是领导者不可不知的，更是出色的领导者必须熟练掌握的。

韩昌宏经营一家图书公司，创业至今四年有余，但公司规模依然很小，员工还是个位数。韩昌宏的聘人原则以学历为主，学历高者来到公司会受到他的另眼相看，学历不高的只要求他们完成工作即可。

年初，公司招聘了两名新员工，男员工童春雨是人民大学毕业的学生，女员工是普通学校的专科生。两人同时开始工作，女员工和其他老员工一样，能保质保量地完成工作。但童春雨工作不认真，效率不及他人的十分之一。公司虽小也有规章制度，试用期过去了，若按照制度规定，童春雨是不合格的，必须要辞退。但韩昌宏认为童春雨毕竟是人民大学毕业的，不留用可惜了，便决定留用，给的薪水待遇和其他员工持平。

几个月过去了，其他员工每月都能按时完成工作任务，只有童春雨的工作状态依然很差，半年时间竟然没能完成其他员工半个月的工作量。但韩昌宏仍然每月给童春雨发薪水。这件事引起了其他员工的不满，大家慢慢没有了工作热情，有的愤愤不平选择离开，留下的也开始糊弄，稿件质量每况愈下。

韩昌宏意识到了稿件质量问题，开会要求大家端正工作态度，但因为人人都心怀不满，只是表面接受，工作时依然糊弄。韩昌宏明白大家为什么情绪不对，却依然固执地认为童春雨是难得一遇的人才，毕竟他这样的小公司招到一名人民大学毕业的学生很不容易。

此后，韩昌宏对童春雨的宠爱更加离谱了，连难度较高的策划案也直接是他们两人商量，不仅将专职策划王松晾在一边，还将王松做的已经通过的完整策划案全部推翻，这让王松感到愤怒，愤然离职。随后，大家怨气越来越多，陆续都离开了。而这位受到韩昌宏一年厚待的童春雨，也跟随大家的脚步，毫无情义地离开了。

其实，童春雨本来也没给公司带来任何贡献，而韩昌宏因为过度宠爱一个庸才，伤了那些原本能够给公司做出贡献的好员工，这样的公司想要求发展，岂不是天方夜谭。

许多公司都会有不受欢迎或不能用的人，像老板的小舅子、老板的女婿、老板娘的外甥，或者是一些自恃清高、中看不中用的高学历者。这些人都是企业的毒瘤，必须剔除，作为领导者不能有一丝心慈手软，不然等到毒瘤溃烂，企业也就跟着溃烂了。

当然，像韩昌宏那样的糊涂蛋必定是少数，大多数领导者都是希望能尽快剔除毒瘤的，只是因为情面难却，始终无法实现，归根结底就是领导者自身没有强大的信念，畏首畏尾，患得患失。

真正想要将企业做大，屹立于商海大潮之中，领导者必须要有胆识、有魄力，对于已经不能再用的人，对于给公司制造恶劣影响的人，决不能一再容忍、徒增困扰。只有清理掉这些无用的残渣，真正的人才才会得到闪光的机会，企业得到了人才，才会走上良性发展的轨道。

◎ 问责从领导开始，奖励从下属开始

美国财星顾问集团总裁史蒂文·布朗说："管理者若想将管理才能发挥到最佳，必须要勇于承担责任。"要想成为一名优秀的管理者，首先应该懂得认错，为错误事情所产生的不好结果负责任。

很多人不想认错也不敢认错的重要因素，是认为承认了错误就会遭受他人严厉的指责或冷遇，因此他们在选择认错还是推责时，通常都选择了后者。有这样想法的人一定将认错看作是弱者的表现，强者怎么可能犯错误呢？

其实，敢于承认错误的都是强者，内心强大的人才会从容地面对自己的错误，也能很宽容地理解他人的错误。此外，承认错误也不会受到他人无休止的指责和冷遇，或许有些人会因为犯了错误而遭到别人的指责，但那都是暂时的，谁也不会盯着别人的错误不放，因为每个人都有犯错误的可能。

同样，作为一名优秀的管理者，也要包容下属犯下的错误。管理者是整个团队的领导人，需要对每名下属负责，做出了成绩是管理者先去领赏，而有了错误管理者也理应带头承担。

如果一名管理者犯了错误就掩饰或是推诿，整个团队必将离心离德，大家都只顾着维护自己的利益，想办法掩饰自己的错误，最终团队的利益将成为个人利益的牺牲品。

问责从领导开始，奖励从下属开始，这是一名优秀领导人必须具备的胸怀。在团队中，给任何人论功记过，都应公平合理。论功行赏之时，先统计出立功的相关人员，谁是直接有功的人，谁是间接有功的人，依顺序排列，领导者要将自己的功劳向后排列，这样才能让下属心服口服。在追究责任之时，领导者必须冲在最前边，将过错揽下来，替下属挡子弹，这样下属会对领导充满敬佩，更加努力地工作。

一家货运汽车公司的推销员成功地向一位客户推销出8辆大货车，客户明确要求要将车底盘抬高13厘米，不能有差错。但推销员因为记录时书写过于潦草，在重新录入时，将13厘米写成了10厘米。在车辆全部装配成功后，推销员才发现这个重大的差错，他束手无策，只能如实告诉了推销部经理，经理知道后也是心急如焚，急忙去见客户，重新洽谈了交货时间，承诺免费改装，还当场向客户交付了2万美金的违约金，客户虽然不满，还是同意了晚一段时间提货。

经理回来后，推销员第一时间递交了辞职书，他神情极为沮丧地承认自己的错误，并说会弥补花费的2万美金。

经理问他："犯了这个错误，我骂过你吗？"

推销员摇摇头。

"我有宣扬这件事吗？"

"没有。"

"跟客户重新洽谈，是你去的吗？"

"不是。"

"交的2万美金，我有要求你偿还吗？"

"没有。"

"那你为什么要辞职，就因为这个错误吗？"

"可我犯了这么大的错误，给公司造成了损失。"推销员声音有些哽咽地说。

"谁都不想犯错误，可谁都不能保证永远都不会犯错误。你这次的错误不是业务不熟练导致的，是情绪不稳定，第一次谈成这么大一单生意，心情过于激动。不过现在没有事了，都解决了。那2万美金我先替你垫付，你哪儿也不许去，先把这2万美金赚回来还给我再说。要像个男人，从哪里跌倒，就从哪里爬起来，没有过不去的坎儿。"

听经理这样说，推销员流下了眼泪，拿回了辞职书。一年后，这位推销员成了公司的销售冠军。

在一个人犯错误的时候，推诿责任或者无意识地归结于客观原因，以减轻自己内心的负担，这是人类共有的劣根性。但作为领导者，要极力克服这种劣根性，果断而勇敢地承担错误造成的后果。

领导必须承担团队的所有责任，即便错误不是自己造成的，也要第一个站出来承担。这样的领导，才是最高明也最能赢得下属爱戴的领导。之所以要求领导主动担责，是因为外界的人并不知道也不会关心产生错误的真正原因，他们只关心错误所造成的结果。领导主动承担责任会增加团队的凝聚力，会让外界增加对团队的信任感，会给领导者带来勇敢、负责、诚实的好名声。因为没有人能不犯错误，但很少有人能主动承担责任。

现代管理大师彼得·德鲁克说："当自己分管的部门出现问题时，管理者不应推卸责任，甚至指责和埋怨下属，而应主动承担责任，从自身的管理中寻找原因。"

◎ 管理需因人而异，因时而变

瞎猫抓住瞎老鼠，是什么情况？瞎猫并没有努力，反而取得了很好的结果。我们不得不感叹，瞎猫的运气实在太好了，居然遇上了瞎老鼠！

而有一种与之相反的情况，比如一群狼做好准备，进攻一群绵羊，计划周密，执行坚决，狼群眼看就要得手了，不料，持枪的猎人出现了，搅了狼群的局，到嘴边的肉就这么溜走了。

狼群的运气和瞎猫简直没法比。但是，瞎猫的幸运是可遇而不可求的，哪里有那么多瞎老鼠让它碰到呢？而狼群虽然很不幸，到嘴边的肉居然溜走了，但因为它们行动统一而坚决，失手的情况只是"个案"，大多数情况下它们都能满载而归。

因此，只要过程做得很到位，结果通常都会很好，并且是可以被不断复制的。管理就是让过程到位的方法，好的管理就会让好的结果不断被复制，不好的管理就会让不好的结果不断重现。

好的管理要因人而异，因时而变，讲究人性化。既不能定死规矩，一成不变；也不能摒弃原则，随意变动。

《三国演义》中，刘备一开始是非常弱小的团队领导者，他的团队经常是兵不满千，将只有关羽、张飞、赵云三人。但刘备的团队却是最团结的，任何风浪都无法让这个小团体分裂，这其中纵然有关、张、赵三人的忠义，但最重要的原因还是刘备领导有方。

关羽是忠义的化身，无条件地忠心辅佐刘备。但刘备是不是在任何场合都能无条件地信任关羽呢？没有。在关羽保护刘备的两位夫人投降曹操后，刘备得知关羽在曹操营中，写信派人送给关羽，信中说尽结拜之情，希望关羽不要背弃。可见刘备对关羽的忠心并没有多大把握，所以先送去一封信试探。关羽忠心不变，回信后就立即保护二位嫂子起程寻找刘备了。此后，刘备将关羽的忠义挂在嘴边，以忠义激励关羽，关羽更不可能萌生背叛之心了。

对于张飞，刘备采取管教结合的方式。张飞虽然本领高强，但性情鲁莽，性格火暴，常常惹事。刘备一边以大哥的身份教育他，让他感到刘备对自己的深情厚谊；一边又以领导的身份管理他，让他心服口服，不敢越雷池半步。

至于赵云，因为不是刘备的结拜兄弟，刘备从来未给赵云独立领兵远征的机会，但他不断称赞赵云的忠义和勇武。赵云认为自己得到了知己的赏识，也甘心留下来辅佐刘备。

正因为刘备管理到位，所以才凝聚了人心，在刘备最困难的时候，关、张、赵三人始终不离不弃，这是刘备最终能三分天下的重要原因。

然而，在很多企业中，公司的实力远不像刘备最初的实力那样弱小，员工的数量也不少，按理说企业已经形成规模，走上正轨，很多员工却总能产生"不知道应该做什么"的感觉，心中很茫然，前途未知，无所适从。这种状态会让员工觉得心中惶恐，当他们的心里有了惶恐感，执行力必然严重下降，这就表明企业的管理出了大问题。

员工不知道自己该做什么，原因有三：

第一，管理者没能将员工放到最适合的位置上。如果员工对自己的工作不是十分喜欢，内心会有排斥感，每天的工作只是单纯为了完成任务，毫无热情可言。

第二，管理者没有及时了解员工的需求。一些员工认为自己是老员工，应该提高待遇；一些员工认为自己能力比别人强，应该提高待遇；还有一些员工认为自己做了更多的事情，应该提高待遇……员工会有各种各样的要求，有合理的也有不合理的。作为管理者必须要及时了解，不然员工会心生抱怨，无法提高工作效率。

第三，管理者没能根据局势的发展做出相应的调整。刚创业时，员工能跟着领导者共同努力。当企业发展到一定规模后，领导者必须想办法安抚一直跟着干的老员工，老员工情绪稳定，企业就稳定，老员工内心动荡，企业必将动荡。

作为领导者，必须用管理方法带出"敢打硬仗""善打大仗""团结如一人"的过硬队伍。

1. 带出敢打硬仗的队伍

发生战争时，一支队伍是否合格，主要看是否敢打硬仗。比如《亮剑》中的李云龙，总是带领队伍冲杀在险恶的战场中。李云龙常说："打仗好比剑客过招，即便对手是天下无敌的剑客，自己明知是死也要亮剑，倒在对手的剑下不是孬种，不敢亮剑就是孬种。"

商业竞争也如同战场厮杀，管理团队和管理军队道理相同。企业不可能一帆风顺，总有突发的危机，这些危机就是企业遭遇的硬仗。管理者要让员工爱上工作，爱上团队，爱上整个企业，爱上所属行业，这样的员工才具备打硬仗的能力。因此，管理者需要采用软硬两手策略，通过硬性的制度管理，奖惩分明，让员工主动遵守企业规章制度；通过软性的人文关怀，关心爱护员工的身体健康和心理健康。再从物质、精神和目标三方面给予激励，员工必将心甘情愿地留在企业，尽心竭力做出自己的贡献。

2. 带出善打硬仗的队伍

敢打硬仗的队伍只能算是刚刚合格，还称不上是钢铁之师。《亮剑》中李云龙率领的独立团，就是敢打硬仗、善打硬仗的常胜团。李云龙头脑灵活，每逢大战必有非凡的战术，其下属的营、连、排长，都有独当一面的本事。这样的队伍在遇到敌人后，一定将敌人视为盘中菜，必"吃下"而后快。李云龙是如何让自己的独立团成为最能打硬仗的主力团呢？他的绝招是将全团化整为零，以营、连、排为单位独立作战，既能灵活打击敌人，还能发展壮大，更重要的是让队伍在实战中获得丰富的作战经验。

企业的管理者，既是员工的领导者，又要充当员工的教练。要耐心地对员工进行引导和教育，把自己所掌握的技能毫无保留地传授给员工。

领导者要明白这一点，员工是企业最大的财富，只有让员工都成为精兵，团队效率才能芝麻开花节节高。培养善打硬仗的员工，领导者还要充分授权给下属，就像李云龙那样，给队伍自己发展壮大的时间和空间，不要凡事都操控在领导者自己手中。此外，还要注意资源的配置，在给下属安排任务的同时，要合理地分配资源，人力、财力、物力和时间都要考虑到，不能让下属有"巧妇难为无米之炊"的感觉。

3. 带出团结如一人的队伍

团队的凝聚力是团队战斗力的关键指数，凝聚力高，战斗力就一定高；凝聚力差，战斗力绝不会强。李云龙的独立团凝聚力非常高，大家心往一处想，劲往一处使，为了共同的目标不惜牺牲个人的生命。当然，纵横于商场和驰骋于战场是不同的，员工不用去牺牲生命，但依然需要为团队牺牲个人利益的精神。

团队凝聚力形成的关键是看管理者是否做出正确的引导，企业用人、育人之道，必须以人为本，以理服人，以贡献为标准。对待个人主义、消极思想者，可及时警告，循循善诱。而对待品行不良的员工，绝不可姑息。管理者自己一定要做到品行端正，努力将自己打造成下属的楷模，让正能量传播到整个企业或团队中。

在竞争日趋激烈的商场争夺战中，能为下属指出明确方向，并能沉稳处理危机，果断做出决策的人，才是受下属尊敬的管理者。

优秀的管理者或许平时与员工有一定的距离感，但在内心深处，这些管理者是永远不会远离员工的，他们心系员工，能够走进员工的内心。他们对局势的判断非常准确，做出的决策让人信服，下达的命令让人折服，会让员工努力做好自己的工作。

◎ 学会感恩，承担责任，才能成大事

蒙牛集团是中国乳制品行业的龙头企业，创始人牛根生为了发扬蒙牛文化，设定了两个企业节日，每年庆祝。一个是 7 月 19 日的学习节，总结上半年的工作成果，制订下半年的学习目标。11 月的最后一个周五是感恩节，牛根生带领蒙牛员工对蒙牛的合作者、支持者、消费者进行真诚答谢和感恩。

牛根生将经营人心作为蒙牛的终极目标，蒙牛的企业文化是：关注员工的健康，提高生活的质量；营造心灵之间的感动，实现蒙牛人的伟大使命。

蒙牛的员工都有一颗感恩的心，他们对生活充满期望，觉得每一天都是光明的。这就和许多企业中的员工整日抱怨形成了鲜明的对比。管理抱怨的员工可是一件苦差事，渐渐地管理者也会开始抱怨，他们会抱怨员工没有责

任心，执行力太差；会抱怨员工懒散怠惰，只知道混日子。他们冥思苦想却想不出员工为何没有责任感，为什么不愿担负本就属于自己的责任。其实，员工缺少责任感的主要原因，是员工缺少一颗感恩的心，员工总是不断地索取，已经忘记了他们的索取应该和付出成正比。

这个世界上，有两种人绝对不会成功：一种是除非别人要他做，否则绝不会主动负责的人；另一种则是别人即使让他做，他也做不好的人。而那些不需要别人催促就会主动做事的人，如果不半途而废，他们将会成功。因此，让员工学会感恩和担当，不仅可以塑造员工积极的心态，也可以打造员工勇于担当的精神。具体的做法如下：

1. 必须对他人感恩

每个人都不喜欢被人仇视，但很多人在工作中却总是喜欢板起面孔，横眉冷对他人，仿佛他人都亏欠自己的。设想一下，如果你与一位"冷面人"交谈，你有多大兴趣谈下去呢？你一定希望谈话能尽快结束。在"冷面人"与"笑脸人"之间，人人都愿意与"笑脸人"交流。因此，企业和团队一定要形成说话微笑、内心感恩的气氛，让每个人的心中都充满热情，人与人之间微笑着交流，心与心之间无芥蒂地沟通，这是企业赠送给员工的最宝贵的礼物。必须注意，管理者要以身作则，用自己的善意温暖员工的心，让员工在不知不觉间形成感恩之心。

2. 不容置疑的责任心

工作能否做好，最关键的因素是态度。在岗一日，尽责一天，认真执行，不找借口。对待工作，必须有责任感，不能因为工作不符合兴趣爱好或者待遇不符合心理预期就消极怠工。在任何时间，都要以高度的责任心对待自己的工作，追求完美，尽量把每个细节做好。对于企业而言，必须把每个人的价值汇聚为整个团队的价值，这样企业才能持续发展，形成核心竞争力！

作为管理者必须明白：感恩和责任作为职业精神的源头，是现代企业和员工实现和谐多赢的核心动力。只要企业文化和员工内心形成了感恩和责任的链条，企业的财富和员工的收入定能持续增加，最终形成"感恩——责任——财富"的价值循环。

◎ 整合员工小目标，成就团队大目标

管理者大师戴尔·卡耐基这样说："团队成员最希望管理者能正确指引目标和方向；而管理者最希望员工能坚定地朝着目标努力。"

卡耐基的话告诉我们，目标在团队建设中的重要性。目标是团队从上至下所有人都会关心的，因为这是团队实力和个人价值的双重体现。于是，很多管理者认为有了目标，再加上行动，团队就真正成形了，是一个战无不胜的团队了。有人这样说："没有行动的远见只是一种梦想，没有远见的行动只是一种苦役，远见和行动才是世界的希望。"

但你是否知道卡耐基还说了这样一句话："对于团队来说，有了目标，有了行动，也并不意味着就有了希望，更不意味着就会成功。"

老鼠三兄弟去偷油，来到油缸前，油缸很高，单凭一只老鼠的能力，是无论如何也爬不上去的。于是，它们通力合作，用了很多办法，才爬到缸顶边沿上。但到了缸沿上，它们才发现，缸里的油仅剩下一点了。

三只老鼠经过商议，决定下去喝油，虽然没法喝饱，但好歹没白上来一趟。但是油缸太高，它们无法下到缸底，所以只能首尾连在一起，这样最下面的一只老鼠就能够到缸底了。它们原本决定先让第一只老鼠喝，然后交换位置，让其他两只喝。

但是，当第一只老鼠喝到油后，它想："油不多，分着喝，谁也喝不饱。今天算我幸运，第一个下来，干脆我就一口气喝饱吧，不管它们两个了。"想

罢，它便喝个没完。

中间的老鼠看到下面的老鼠喝个没完，心想："剩下的油太少了，如果都让它喝完，我还喝什么，不如把它扔下去，我也跳进去喝吧。"想罢它就这么做了。

最上面的老鼠看那两只都在缸底猛喝，急了，心想："油这么少，它们早就不顾我了，我自己下去喝吧。"想罢也跳了下来。

结果，三只老鼠都落在了油缸里，油是喝到了，却再也出不来，直等到油的主人回来结果了三兄弟的性命。

三只老鼠组成的团队是有目标的，也有行动，还一连战胜了如何登油缸和如何喝油两个难题，最终却落得惨死的可悲下场，原因就是团队成员追逐的小目标与团队的大目标不一致。

由此可见，团队仅仅有长期远大的目标是远远不够的，还必须和所有成员的目标、期望值结合起来，形成共同的目标。这个共同目标能够激发团队成员的内在潜能，达到调动员工积极性的目的。同时，共同目标也是团队以人为本、尊重个人的体现。

1. 团队目标要以人为本

管理者不仅要重视团队目标的实现，同时要关注团队成员的个人目标，要容忍和接受每个合理要求，尊重和利用每个人的个性差异，实现团队目标和个人目标和谐接轨，才能有效增强团队的生命力和战斗力。

张华年经营一家中型销售公司，公司的业绩不断突破，员工工作热情高涨。在该公司总经理办公室的墙上，挂着一张大白板，最上面一排大字写着公司的年终目标，下面还有密密麻麻许多小字，都是每个员工的姓名以及他们这一年的目标。

每名员工的目标都不相同，有想升职的，有想加薪的，有想双管齐下的，有想结婚的，有想生孩子的，有想攒钱供孩子出国念书的，有想攒钱付首付买房子的……

张华年之所以会将公司的目标和员工的个人目标挂在墙上，不仅是为了提醒自己要为公司的目标而带头拼搏，还让自己随时能看到员工的目标并且牢记在心。等到与某名员工沟通时可以对号入座，激励员工努力工作，完成今年的个人目标。

张华年这样总结自己的管理方式，他说："如果没有员工的齐心协力，公司就无法生存下去。因此，管理者有责任、有义务帮助员工实现各自的目标。如果能够时刻关注员工的目标，并在适当的时候给予诚心诚意的帮助，员工会非常感激，回馈给公司的将比管理者投入的多很多。"

2. 团队目标要有助于实现每一个成员的价值

团队的目标不应该只有数字，即前年营业额多少，去年营业额多少，今年要达到多少，明年应该达到多少，年增长率应该是多少。如果只是这些空洞的数字，员工是不会有积极性的。如果鼓励员工，完成任务奖励多少工资，这只能起到短期激励的效果。毕竟员工工作不仅仅需要工资，也需要实现个人价值。因此，团队要能鼓励成员寻找和实现自身价值，并努力为所有成员打造有发展潜力的平台。比如，提供具有挑战性的工作、机会，提供略具弹性的工作时间，提供富有竞争力的激励措施等。在这样的工作环境里，成员的价值就能够得到更好的体现，他们会对团队更有满意度，团队的目标也就更容易实现。

3. 个人目标与团队目标发生矛盾时如何取舍

管理者可以尽最大努力照顾下属的个人目标，下属也可以尽其所能融入团队中。但毕竟是利益为先，个人目标和团队目标总有冲突和矛盾的时候，如何处理这种矛盾，考验着管理者的能力。

通常情况下，管理者因为处于强势地位，都希望员工能适当放弃自己的利益，以保证团队的利益。但员工会认为自己所得本来就少，如果再放弃，一定不会甘心，便会在接下来的工作中消极对待，以求得心理平衡。

有些管理者秉承为员工着想的原则，无论团队利益多么重要，也会为了笼络员工的心而有所割舍，这是非常错误的。团队利益是所有团队成员的利益的保障，团队利益若是随便放弃，团队的生存就会越来越艰难，只有先保障团队能良好生存，团队成员的利益才有保障的基础。如果团队垮掉了，团队成员还有何利益可谈。

聪明的管理者会在团队利益和个人利益发生矛盾时，先做衡量，看看哪一方可以做出牺牲，如果是团队一方，管理者会毫不犹豫地为员工利益让路；如果是员工一方，管理者就要想办法说服员工暂时放弃一部分利益，等待团队渡过难关，再做弥补。

因此，当团队目标需要个体做出牺牲时，作为团队中的一员，牺牲精神是必须要有的。很难想象一群自私的人会组成一个优秀的团队，只有优秀团队才会出现勇于牺牲的个体，员工的牺牲精神，必须由管理者培养与引导。并且，管理者要坦然承认员工的贡献和牺牲，和员工共同分享团队取得成果时的喜悦。

第三章
团队内部的高效沟通

沟通是连接团队每名成员的桥梁。团队需要高效运转，离不开团队成员的默契配合，而构建这种默契的就是沟通。团队成员个性迥异，工作能力有差异，强弱倾向性各有不同，如果缺少沟通，团队成员间很难形成一致性，做事情一定有分歧，团队将没有办法形成强大的凝聚力。

◎ 沟通无漏斗，共识必达成

沟通在管理中有多重要，我们来看看松下幸之助的观点，他说："企业管理过去是沟通，现在是沟通，未来还是沟通。"沟通的目的是让有不同意见或者不明原因的人达成共识，让大家能够齐心协力共同向着一个目标努力，做到从上到下各级思想的统一。

沟通是企业的大动脉，为企业输送氧气和养分，如果沟通中断了，那么再强大的企业也会因为断了供血而崩溃。

美国哈佛大学商业管理学院针对企业管理中沟通的重要性做过详细的研究，结果表明企业管理的基石是制度，但核心是沟通。作为企业的管理者，每天用在沟通上的时间达到80%。而作为团队的领导者，沟通的时间也不会少于70%。如果你不信，就来看看企业管理者和团队领导者每天的工作吧！无非是谈判、开会、演讲、汇报、讨论、总结、公文回函、企划报告等，不是口头沟通，就是书面沟通。管理者必须将沟通常态化、连续化，才能制定出最符合企业发展轨迹的决策。

管理的核心就是沟通，管理的成功源于沟通，这是很多顶级企业家和管理专家的共识。因此，管理的过程，实质就是沟通的过程。

充分沟通的好处如下：管理者能及时了解员工的工作状态和心理状态；

管理者的意图能被下属真正了解；管理者能更透彻地发现团队内部存在的问题并找出解决问题的方法；管理者以沟通架起桥梁，促进各部门之间、上下级之间、员工之间的相互了解；管理者能及时得到决策实施后的反馈信息；管理者可以及时发现执行中的问题和难点，第一时间进行处理，提高执行的效率；管理者在沟通中能有效化解矛盾，消除隔阂，增进彼此间的了解和理解，收获良好的团队工作氛围及和谐的人际关系；管理者能更容易获得下属的鼎力支持……

总之沟通的好处多多，言之不尽。管理者还要明白，若管理中沟通不畅，会导致企业或团队问题丛生，比如企业中常见的员工执行力不足、效率低下的问题。通常是最初的小问题出现后，管理者没能及时进行沟通，商讨解决对策，导致问题越来越大，最终酿成大患。

沟通障碍的真正制造者除了管理者本身对沟通缺乏足够的重视，导致沟通不及时外，还有一个罪魁祸首就是"沟通漏斗"现象。

很多管理者会有这样的感觉，已经做了及时沟通，团队的氛围也很融洽，但为什么总是不能及时发现矛盾呢？总是不够了解员工心中所想呢？总是无法提高员工的执行力呢？其实，当管理者做到勤沟通后，仍然觉得沟通效果不佳，那就要找"沟通漏斗"了。

所谓"沟通漏斗"，是沟通时因为通过话语表述内心所想或是话语在传播过程中逐渐脱离本真意思导致的。一个具有正常表达能力的人，通常只能说出心中所想的80%；而倾听的一方因为思维想法的差异或排斥感，最多只能接收60%；而真正留存在心，能听懂的只有40%；到了执行时，受执行力所限，就只剩20%了。管理者心中的想法也许是完美的，但在自己传播给下属的初期，就已经不再完美了，下属的执行力会在接受管理者的信息以及执行命令的过程中继续削弱，最后形成了"谬之千里"的"沟通漏斗"。

"沟通漏斗"是无法完全避免的，因为人和人的思想永远不可能无缝对接。但管理者必须尽力避免"沟通漏斗"现象的发生，管理的质量才会得到提升。

想要建立一种能够尽量消除"沟通漏洞"的机制，管理者首先要拉近与下属的关系，建立一套越级机制，让最下级的员工也有机会和最高管理者面对面交流。下面列出的各项，是管理者规避"沟通漏斗"时必须要做到的：

中高层领导间必须知道每位员工的联络方式；

中高层领导不必将联络方式告诉员工，但公布一个网络联系方式给员工是必需的，这是建立和员工无障碍对话的基础；

定期和员工进行网络互动，以增进彼此的了解；

核心员工和管理者之间必须做到无障碍交流；

定期处理电子邮件，并按紧急重要程度进行归类；

除了公司会议室，团队成员之间要有其他沟通场地进行非正式沟通；

团队内部要有定期的沟通见面会；

团队成员要养成主动沟通的习惯；

做好上述事宜后，企业或团队定能形成良好的工作氛围。当团队内部对某件事持有重大异议时，团队成员能将团队利益放在首位，甚至可以牺牲个人利益进行退让，并且这种退让是心甘情愿的。

沟通是一个动态顺序性的过程，可以分为若干个阶段，如果把每个阶段都掌控好，整个沟通过程将是成功的。在工作中，沟通通常会被划分为五个阶段：

第一阶段：确定人选

任务需要人来执行，而确定人选是任务能否完成的关键。根据任务的难易程度以及涉及的方方面面，管理者要在所有下属中找到最合适的人选。只是通过平时观察或下属的毛遂自荐都不是最好的确定人选的方式，就像三国时的马谡，坚定地向诸葛亮请战，诸葛亮因为偏爱马谡，也因为和其他将领沟通不够，错信了马谡，导致丢失了街亭。因此，管理者在为重大任务确定人选时，和相应领导沟通是必须的，不能武断做决定。

第二阶段：委派任务

在明确了工作任务和要委派的人选后，要向被委派者详细说明任务的性质和重要性，讲清楚工作的具体内容、完成的时间，以及工作中需要注意的地方。同时，管理者还要明确授予被委派者权力，但要告知具体权限。在被委派者明确任务后，管理者也不能立即撤走，要与被委派者一起对任务进行整体规划，做出大体的计划，并做好阶段性分解。

第三阶段：明确重点

每个任务都有核心的重点，协助被委派者找出重点是管理者必须要做的，还要就重点进行沟通，最好以书面备忘录的形式备案，以此作为今后绩效考核的标准。

第四阶段：监控过程

在员工执行任务的过程中，管理者要选择恰当时机与被委派人进行沟通，适时给予被委派者表扬和鼓励。如果任务完成得不理想，管理者要帮助被委派者找出是客观因素所致还是主观因素所致。如果是客观原因造成的，就需要适时调整计划；如果是被委派者主观因素造成的，则应做好责任界定，并予以相应的惩戒。

第五阶段：评估结果

评估任务完成的质量，检查过程，发现问题，总结经验。管理者要对被委派者进行表扬，鼓励其再接再厉。

上述五点是工作沟通的五个阶段，每个阶段都要求管理者和下属直接沟通，避免口口相传，因为沟通过程中卷入的人越多，信息的失真程度就会越高。因此，管理者在与下属进行沟通的时候应当尽量减少沟通的层级，采取直接沟通的方式，才能收到最佳的沟通效果。

此外，还必须要注意一点，许多管理者因为位高权重，常在沟通时给下属施加压力，想把自己的观点强加给下属，如果下属不同意，就会采取高压政策，强行进行说服教育。

卡耐基说："如果沟通只是为了试图说服别人，那么除了说服本身，你不会得到任何东西。"

上级与下级沟通，上级本身就有心理优势，而下级是心理弱势的一方。如果上级借助职权打压下属，下属表面上被说服了，但心里仍然会抵触上级的观点，在执行过程中，绝对不会尽力，这将给企业造成非常大的危害。因此，上级必须采用委婉的方式同下属沟通，因为沟通的目的不是说服，而是寻求支持、理解、合作。

之所以会产生上级管理者借用权势强行说服下级的现象，是因为很多管理者的认识中有一个误区：他们认为企业中上下意见一致、思想统一、执行有力，才是管理最有效率的保证，也是管理者权威的体现。

箭牌糖类有限公司 CEO 威廉·瑞格理曾说："如果下级的意见永远和上级一致，就表示下级已经不在意公司的利益了。"

威廉·瑞格理在一次公司高层会议上说："诸位，我认为这项决策很不错，大家的看法是否一致呢？"出席会议的董事们纷纷点头表示同意。

威廉·瑞格理有些愤怒地说："现在，我宣布会议结束，讨论的结果无效。这项决策明天开会继续讨论，我希望明天各位能提些反对意见，那样我们才能真正知道这项决策是否正确。"

威廉·瑞格理看重的不是虚假的一团和气，他深知正确的决策必须从正反不同的意见中才能得到。

对一个管理者来说，最大的危险不是下级经常提出反对建议，而是下级从来不会提出反对意见。优秀的管理者周围要有一批敢于发表不同意见的人，这有利于他们集合多方面的信息，做出最完美的决策。

◎ "头脑风暴"席卷沟通死角

1939 年，美国创造学家 A·F·奥斯本首次提出"头脑风暴"的概念。1953 年，他正式发表了这种激发性思维的思考方法。

所谓头脑风暴，是一群人围绕一个特定主题进行探讨。具体说是通过会议的形式，让所有参与者在自由愉快、畅所欲言的气氛中，能毫无顾忌地说出各自的想法，实现充分的信息交流，让思想的火花在交流的过程中进行充分碰撞，这就好比一场头脑风暴。

之所以要采用头脑风暴的沟通方式，主要是为了抵制交流中的群体思维。所谓群体思维是在群体决策的过程中，由于群体成员之间心理相互影响，下级群体成员容易屈从于权威的意见，也容易盲从大多数成员的意见。群体思维削弱了群体的整合力和创造力，严重损害了群体决策的质量。因此，为了保证群体决策的创造性，提高决策质量，采用头脑风暴法是毋庸置疑的。

头脑风暴法的具体好处如下：

1. 激发想象力

想象是创新的基石，缺乏想象力的个人和团队一定缺乏创新能力。在集体讨论时，每个人都会根据他人提出的观点展开想象，从而产生一连串的新观点，这些新观点再进行碰撞，创新便会孕育而生。

2. 渲染热情

讨论的环境如果不能让人放松，参加讨论的人是不可能敞开心扉畅所欲言的。只有在不受限制的情况下，集体讨论才能激发人的热情和积极性。每个参与的成员都能不受拘束地自由发言，使各自的思想相互碰撞，这样可以突破固有观念的束缚。

3. 带动个人展现欲

头脑风暴法有一项原则，那就是不许用怀疑的表情面对发言者，更不能用怀疑的口吻询问发言者。只有营造出开放的讨论环境，个人的展现欲望才会最大程度被激发出来。

4. 提升自信心

人的自信心是需要通过不断的成功表现来提升的，头脑风暴法这种沟通方式就给人们创造了成功沟通的基础，让每个参与其中的人都能收获自信。

5. 促进竞争意识

头脑风暴法是充满热情的交流法，同时也体现了人们的竞争意识，人人都想展现自己的想法，便会争先恐后，竞相发言。心理学原理表明，人类有争强好胜的心理，在有竞争意识的情况下，人的心理活动的效率和表达能力能提高 50% 甚至更多。

6. 提高团队凝聚力

集思广益的过程也是情感交流的过程，既能体现团队合作的智慧，也有利于增强参与者的责任心，因为人们一般都乐意为自己的主张承担责任，这样便可增强团队凝聚力。

7. 提升工作效率

经过和谐的讨论，团队最终会形成一致的结论，而每个人也都在讨论中明确了自己的任务，这样便节省了做出决策、分派任务、进行协调的时间，可以大幅度提升团队的工作效率。

当然头脑风暴法的好处并不仅仅停留在纸面上，在现实生活中它能够切实地拓宽人们的思路，有助于问题的解决。

有一年初冬，加拿大魁北克地区连续十几日降下大雪，雪量惊人，电线上积满了冰雪，很多电线难以承受积雪的压力而崩断了。电线一断，造成大面积地区断电。冬季刚刚开始，电线就崩断了，而且这几乎成了每年冬天的常态，这让民众非常不满，怨声很大。

电力公司的领导们非常着急，立即分配人力、物力解决问题。经过一个星期的紧急抢修，电线被全部抢修好。谁料想，全部抢修完毕仅过了两天，又一轮强降雪袭来，三天大雪过后，又有大片电线崩断，上百万民众又得在黑暗中度日，而且天气越来越冷了，停电让每个家庭都无法忍受。有些民众忍无可忍，纷纷来到电力公司质询，要求彻底解决问题。

电力公司的领导认识到必须要想出好办法彻底解决问题，不能再让电线陷入断了修、修了断的循环中。但中高层领导经过反复讨论，未能找到合适的方法。

后来，电力公司的采购部经理提出用头脑风暴法，尝试解决难题，得到批准。这位经理立即行动，针对现实的问题，召开了一次专门的会议，与会者除了中高层领导，更多的是各种专业技术人员。

这位经理对此次会议提出四点要求：

第一，忘记职务。本次会议任何人发言只能报姓名，不能报职务，每个人发言完，都必须得到掌声。

第二，自由思考。与会者可以天马行空、无拘无束地思考问题，并能畅所欲言，不必担心自己的想法或说法是否符合常规做法和逻辑。

第三，延迟评判。与会者不能对他人的观点评头论足，更不能打断他人发言。

第四，以量求质。鼓励与会者尽可能多地提出设想与方案，以便从中筛选出最适合的解决方案。

与会者都遵守这四点会议规则，并展开积极讨论。其中，有人提出和气象部门协作，提前预测天气变化，增派人手或者发动民众及时清理积雪；有人提出给电线增加加热装置，让积雪自行融化；有人提出使用直升机清除电线上的积雪；有人提出设计一款专门的电线除雪机器……

会议进行了两个半小时，最后竟然汇总上来数百种建议，当然其中有一些很搞笑，但有一些确实很有创意。会议过后，电力公司高层领导对几个筛选出来的方案又进行了深入论证，经过反复对比，一致认为"直升机扫雪"的大胆设想，最值得尝试。如果可行，这将是一种既简单又高效的好办法。

后来，经过现场试验，发现这个方法果然有效，一个困扰电力公司数年的难题就这样得到了解决。

可见，头脑风暴法是思想与思想的碰撞、智慧与智慧的结合，碰撞和结合注定会产生新的思想和智慧。一个卓越的领导，一个学习型团队必须要学会头脑风暴法，集思广益，找到解决问题的最佳方案。

◎ 坚决不搞"一言堂"

外企的重大决策往往不是一个人或者一小群人做出的，是中高层领导集思广益的结果。而在决策做出后，也不会立即发布，还要进行再次讨论，征求更多人的意见，以便让决策趋近完美。

反观中国的许多企业，做出的重大决定，往往是老板一个人拍脑袋的结果，他说向东，企业就向东，决不可向西。管理机制完备的企业，会在做出重大决策时，进行意见整合，但当决策做出后，会立即发布。

外企的做法体现了更完善的决策流程。制定决策不是一个人的智慧就能完成的，需要汇总各部门的能力，征求各部门领导的意见，这样制定出的决策才更有可行性。而中国一些企业的"拍脑袋决策法"，虽然决策效率大幅提高，但决策效能必然降低。领导不是大罗金仙，无法预见所有风险，仅凭一己之力难免会有决策失误的时候。

某塑料企业老板接下一笔订单，对方要求三个月完成，给的价格很高，老板见钱眼开，未加思索，当即同意。合同签过后，老板回到公司，将任务传达给车间，规定三个月内必须保质保量完工。车间生产主管接到任务，仔细研究，发现订单有漏洞，立即找到老板。

主管说："对方要求的塑料管材数量虽然不多，工艺看起来也很简单，但里面涉及一项非常复杂的工艺流程，单将这项工艺准备完毕就要花费至少一个月的时间，还需要有大笔资金，时间我们可以抢出来，但客户应该额外支付这笔工艺的费用才可以，不然公司的损失会非常大。"

老板听完有些急了，立即同主管来到车间仔细研究这项工艺，忙活了几个小时，老板承认自己决策失误，让对方占了大便宜。现在合同已签，如果终止，将赔付对方一大笔费用；可如果继续，公司出工出料出人力，依然会赔很多钱。经过综合考虑，老板决定完成订单，不然会在业内留下不好的名声。

这位老板做决策就是典型的"一言堂"。或许在创业初期很多老板都是这样的作风，那时企业规模很小，分工也不明确，凭老板一个人的智慧就可以支撑起整个企业的运转。但企业规模越来越大后，"一言堂"式决策方式就必须要让位给"集体智慧"模式，利用每个人的智慧来解决个人智慧有限的问题，这样才能做出最合理的决策。

此外，外企在做决策时的谨慎也值得借鉴。不要认为决策既然做出了，直接发布就可以了。因为一个决策的制定需要一个过程，而商场如战场，随时会发生变化，决策制定初期和制定完毕后的市场形势很可能已经发生重大变化，这就要对已经制定好的决策做最后的推敲，在确保其依然符合市场规律后，方可发布。

很多人会不理解，外企的做法也太拖沓了，商场形势瞬息万变，一个决策不断讨论，商机岂不是错过了？商机确实难觅，给人稍纵即逝之感，很多人为了抓住商机会盲目做出决定，但真正成熟的大型企业的生存管理之道是什么？它们宁可错过商机，也不盲目行事。错过了商机可以在日后弥补。要明白这一点，稍纵即逝的商机其实是少数的，大多数商机都是可持续发掘的。只有正确的决策，才能真正牢牢地抓住商机。

◎ 包容下属的"狂妄"意见

年轻时的本杰明·富兰克林是一个很难相处的人，他言语犀利，容不下他人的不同意见，经常因为言语不和与他人发生争执，富兰克林也因此得罪了很多人。

终于，一位长辈看不下去了，向富兰克林建议道："你很有才华，口才出众，但你没有朋友，得不到他人的支持，这让你不能发挥出真正的能力。"

富兰克林说："我确实没什么朋友，因为别人总是跟我的意见不一致，他们都是错的。"

长辈严肃地说："看看你吧，浑身是刺，因为别人和你的意见不一致，就武断地判定别人是错的，你这是在打击每一位和你意见不同的人。你应该平和一些，你没有权利让别人和你的观点一致，更没权利去打击别人。"

富兰克林低下了头，想到自己在社会上的种种不顺利，他决定听取长辈的忠告，改正自身的缺点。

富兰克林给自己立下了四条规矩：第一，以后绝不正面反对他人的意见；第二，不可武断地反对他人的意见，要经过思考；第三，不允许自己的文字或措辞太激烈；第四，在必须反对他人的意见之前，先肯定对方。

经过一段时间的改正，富兰克林的生活发生了质的变化，他说："当别人陈述一件我不能同意的事情时，我不再立即反驳对方，也不立即指出我认为对方有错误的地方。我会等对方陈述完毕后，先肯定对方，然后心平气和地说出自己的观点。我和对方是平等的讨论关系，不是说服和被说服的关系。当我开始采用这种方法后，我感受到了从来没有过的善意，别人因为受到了尊重而表现出了快乐。这和以前的雄辩式反驳对方收到的结果完全相反，别人更愿意与我交流，我的意见通常都得到了广泛的支持。"

正是因为有了包容心，才让富兰克林的人生取得了巨大的成功，成为美国历史上最受欢迎的政治家、哲学家、文学家、科学家。一个人能够宽容善待别人的不同意见，他的融合力就会倍增，就能营造融洽的人际关系。

俗话说："地低成海，人低成王。"一个宽宏大量的人，有着海一样的胸怀，能够包容不同的意见，不会因为意见不合而打击他人。作为领导者必须有这样宽阔的胸怀，对于不同的人和意见，既能坚持原则又要善于包容。

在企业中，因为每个人的思维各有不同，一定会产生不同的意见。这些意见有些是合理的，有些是不合理的；有些人提意见时态度谦恭，而有些人提意见时态度傲慢；提出意见的人有些是中层管理人员，有些只是低层员工。作为领导者，在接受不同意见时，不能戴着有色眼镜，必须全盘接受，然后再进行分类，有益处的意见可以逐步完善并加以利用，没有益处的意见也要向提出者做出反馈，不能不了了之。态度谦恭者提出的意见是中肯的，态度傲慢者提出的意见也同样是中肯的，因为只要用心提出意见，就说明员工的内心中有着对企业的热爱。同样，对于中高层的意见要重视，对普通员工提出的意见同样要重视。因为每个人所处的位置不一样，看问题的角度也不一样，中层看到的问题员工不会看到，而员工看到的问题中层不一定能看到，这就需要群策群力，企业才会走上良性发展的轨道。

之所以要重视不同意见，就是因为每个人都有思考的局限性。一个管理者本事再大，他的知识、经验、能力、精力都是有限的，不可能做到"什么都懂""什么都会""什么都能掌握"。因此，高明的管理者，无不重视下属的参谋意见，给下属充分思考的空间，让下属可以自由发表不同的意见，这对企业有百利而无一害。

如果在一个企业中从来都没有不同意见，老板指哪儿，员工就跟着打哪儿，这样的企业是不可能有良好发展的，即便取得了暂时的繁荣，也难以长久。

其实，容纳不同意见不仅仅有利于管理者掌握更多信息，更重要的意义在于可以提早发现潜在的危机。如果管理者对下属提出的不同意见经常采取置之不理或嗤之以鼻的态度，下属就会产生逆反心理。因为下属提出意见之前，都会经过深思熟虑，他们认为有必要的、正确的才会提出，如果上司置之不理，会严重打击下属的积极性。以后下属将不再提出自己的建议，管理者也就失去了收集信息和发现危机的良机。

从管理者对待不同意见的态度，可以看出他是否真心实意尊重员工；对待不同意见的态度，考验着管理者的胸怀和气量；对待不同意见的态度，决定管理者能否做出最优秀的方案和措施；对待不同意见的态度，关系到管理者能否吸引众多人才的追随……总之，管理者必须要包容下属的不同意见，即便意见是狂妄的、无理的，管理者也必须以广阔的胸怀接纳。管理者要明白，在管理中，下属提出的反对意见不是"毒药"，而是改进决策的"药方"。

优秀管理者容纳下属不同意见必须规避的四项禁忌：

1. 盲目否定

当下属向领导者提出问题时，有些领导还未等下属说完，就挥手否定了。这样的领导只希望下属认真执行他做出的决策即可，不需要思考。其实，这些领导都很自大，认为自己能力超群，一定比下属强很多，下属的意见都是为自己的私利打算，没必要浪费时间。

这是最糟糕的一种领导，他们盲目认定下属提建议都是想谋取私利，而忘记了众人拾柴火焰高的道理。凭借一己之力，就算浑身是铁，能打多少钉呢？

2. 心不在焉

领导者在听取下属意见时，抱着不以为然的态度，心里根本不重视，这对下属的情绪有着很大的负面影响。

3. 急于表态

很多领导者也知道听取下属意见的重要性，但在听的过程中，只要听到有不同意的意见，便会立即打断下属说话，并以严肃的口吻说出自己的观点。

试想，如果你是下属，在意见没发表完时便被领导当场驳回，心中一定会滋生失落感和挫败感。

有的领导喜欢同一时间召集数位下属，让大家都发表意见。聪明的领导一定会将所有人的意见全部听取完毕后，再进行总结性发言。但不够聪明的领导，往往在听到某位下属的意见与自己相同时，便急于发表自己支持的观点，其他有不同意见的下属便会就此打住，不再发表意见了，转而违心地支持领导的观点。同理，如果领导在听到某位下属的意见与自己相左时，便急于发表自己的反对的观点，其他下属也会受到影响，会因顾虑领导的想法而不能充分说明自己的意见。

4. 埋头苦记

这类领导谦虚过度，对下属的意见都一概重视，但因为不认真思索、分辨，往往会把下属意见中的可取之处或蕴含着的有价值的意见漏掉。

作为一名优秀的领导者，必须要改掉上述四个不利于与下属有效沟通的恶习，让下属愿意发表意见，并能得到能力上的提升。

下面再总结四项有利于听取下属不同意见的方法：

1. 启发式提问

下属在向领导提意见时，心中一定有所顾虑，怕引起领导的反感。所以，领导者要在下属犹豫是否发表意见的时候，使用幽默的语言引导，当下属感受到领导的平和的情绪后，才会真正敞开心扉。优秀的领导还会利用启发式提问，引导下属谈出事先没有考虑到的意见。

2. 记下要点

下属提的意见益处很大的毕竟不多，但只要下属提出了意见，多少都会有可取之处，有值得探讨的有价值的内容，甚至能帮助领导打开思路。所以，领导在听取意见时，必须要用笔记下要点，但更重要的是注意思索，善于从下属的意见中捕捉到最有意义的内容，并及时提出来，引导下属进一步思考。

3. 平和讨论

针对某个问题，往往下属发表了意见，领导不同意；或者领导发表意见，下属不同意。至于谁的意见最终是正确的，自有实践来检验。领导必须让下属勇于表达意见，对正确的、有价值的意见，不仅口头上接受，工作中采纳，还要予以表扬甚至奖励；对有分歧的意见，讨论时一定要心平气和，且不可用领导的权威打压下属。

4. 内心坚定

领导要重视下属的意见，并不是要求领导无条件听从下属的建议。在下属提出建议后，领导必须通过分析得出结论，下属的建议是否可取？有多少可取性？哪里需要改正？全盘推翻对企业有好处吗？领导者在工作中必须学会独立思考、决策与判定，能够听取不同意见，但不应在工作中过多受别人的思路、言语的影响。一句话，领导者要考虑别人的意见与感受，要能听得进不同的意见，但不意味着领导者可以没有主见，随大溜。

在纷繁复杂的表象下，在各方不同意见的争论中，能分辨出正确的航向，这才是卓越的领导者应该具有的大智慧。

◎ 提问不是摆派头，而是促交流

有这样一则故事：

一位老渔翁，年过六旬，捕鱼技术高超，被人们誉为"神渔翁"。神渔翁有三个儿子，从小就跟随父亲出海捕鱼，接受父亲的真传，但他们的捕鱼技术在当地是最差的。神渔翁为此很苦恼，责骂三个儿子太笨，自己这么用心教，怎么就是学不会呢？自己当初可是没人教，都靠自己摸索。

一天，神渔翁来到深山中的一座庙中，将自己的苦恼讲给老方丈听，然后请教老方丈，自己的三个儿子如何才能将捕鱼的本事学会。

老方丈问他："每次捕鱼，都是你和儿子们一同出海吗？"

神渔翁说："是啊，不然凭他们的本事啥也捕不到啊！"

老方丈又问："你如何教儿子的？"

神渔翁说："我知道的都会告诉他们，他们也都记住了，但……"

老方丈说："但就是不得要领是吧？"

神渔翁点点头。

老方丈接着问："你是如何学得一身高超的捕鱼的本事的？"

神渔翁来了精神，说："我十四岁就跟随同村人出海捕鱼，人们都忙着手中的活，哪有人教我？我就一边帮工，一边跟着学。用了六年时间，学会了全套的捕鱼本领，并且开始独自出海捕鱼。"

"你学习的过程中有过失败吗？"

"当然有了，太多了，每次都得吸取教训，下次就会做得好一些，一来二去错误就少了，最后没有了。"

"独自出海捕鱼后，还会有错误吗？"

神渔翁叹了口气说："有啊！自己刚刚出海时，认为自己应该可以的，可是到了海上就有些发蒙，曾经学过的东西都忘记了，连续数天都没捕到一条鱼。一个多月才有起色，前半年我过得都很辛苦，因为常常会因为出差错而捕不到鱼。"

"你觉得在你整个学习捕鱼的过程中，什么样的经历最难忘，对学会捕鱼最有用？"

神渔翁想了想说："是失败。失败的印象太深了，有时候眼看要成功了，可是因为自己操作失误而功败垂成。对学会捕鱼最有用的也是失败，经验教训都在失败中获得。"

"那么当时你害怕失败吗？"

"当然了，失败就意味着那一天没有收入。"

"你的儿子们怕失败吗？"

"不怕，因为有我在，错了我会提醒他们。"

老方丈最后问："那你认为他们还能记住什么吗？"

"这……"神渔翁说不出来了。的确，是他手把手的教授方式，剥夺了儿子们独自承担失败的机会，也剥夺了儿子们真正学到本事的机会。

老方丈通过连续的提问，循序渐进地引导神渔翁找到了问题的症结。如果老方丈没有通过提问，上来就给神渔翁摆道理，恐怕会遭到神渔翁的反驳，因为在他的心中，儿子们学不会捕鱼不是他的责任，而是儿子们太笨。

在工作中，下属请求领导帮忙解决难题是很常见的事情，通常情况下领导会第一时间帮助下属，直接告诉下属解决问题的方法，下属得到了满意的答复，顺利将问题解决。但问题是，未来下属遇到类似的问题依然找不到解决的方法，还得来找领导。以此类推，只要下属不能自己掌握解决问题的方法，这个难题就永远存在。

还有一些领导答应下属帮忙解决问题，让下属先忙别的事情，然后自己去想办法。这样下属连参与进来的机会都没有了，直等到领导把难题解决后，下属回到岗位继续工作。这样的领导看似敬业，帮下属分忧，其实是做了非常愚蠢的事情。

优秀的领导不仅自己是帅才，下属也要独当一面，这就要求下属也要经过风雨的洗礼。在有了难题时，领导第一时间冲上去是对的，但下属也要跟着冲上去，并且要站在风雨最大的位置，自己亲自解决问题，领导只能起辅助作用。领导要像老方丈一样，通过不断的提问，和下属进行交流，帮助下属逐渐找到解决问题的方法。

在一些企业中，很多高层领导喜欢摆身份，在下属面前趾高气扬，下属有了困难来寻求帮助，首先会被领导训斥一顿，然后再在领导的言语中领悟解决问题的方法。这样的领导是不合格的，没有将帮助员工成长放在第一位，却将自己的地位看得很重，借助一切机会展示自己的能力。

在佳能公司中，管理人员被要求在下属来寻求帮助时，不能简单地告诉下属应该怎么做，更不能大包大揽替下属做，而是要用启发式提问的方式，帮助下属解开问题的关键节点，并让下属给出数个不同的解决方案，领导帮助下属逐一分析点评，最后让下属自己决定采取哪种方案。这样做的目的，就是帮助员工整体成长，让员工养成独立思考、独立解决问题的能力。在这个启发员工的过程中，管理者所做的工作就是把好关、把握好流程，监管员工处理问题的对错，在员工出现错误时，帮助他们回归正确的轨道。

佳能公司的这种启发式提问，使得每一名管理人员的发问能力都很强。其实，优秀的管理者都知道该问什么样的问题，知道员工内心最需要的是什么，他们也能从下属的回答中发现问题，然后提出建设性的意见。

提问本身是一种发挥领导力和融合力的重要方式，有效的提问将极大地激发下属的斗志和潜力，激励下属突破现有的思维局限和能力局限，同时增强下属担当责任的意识，并使上下级之间的思维保持协调一致，共同前进。

◎ 批评的艺术

批评不仅仅是对他人错误的挑剔，还是一种重要的激励方式，更是一种有效的沟通手段。作为管理者，一定要知道批评在实践中发挥的巨大作用，但是，令人感到遗憾的是，很多管理者知道批评的作用，却常常无法掌握批评的要领。

批评就是一门直击心灵的艺术，用好了可以让管理者与下属心连心，而运用不好，可以让下属与管理者离心离德。批评的最高境界，不是为了满足某些既定条件，也不是为了得到某种确定的结果，而是要被批评者的内心感觉到变化，即使变化是微妙的，甚至只是难以言传的感应和领悟。

管理者批评下属要注重时机、场合和所选择的方式。岳飞说兵法"运用之妙，存乎一心"，对批评的巧妙运用可以让领导同下属梳理好关系，让领导做起事来有事半功倍的效果。

曾任美国总统的约翰·卡尔文·柯立芝是一个非常具有语言天分的人，他从来不大声说话，却总是给人留下深刻的印象。柯立芝的女秘书是个非常时尚的女孩，总是将自己打扮得楚楚动人，仿佛希望自己成为白宫里的一景。但一个人过于注重外表，就没有太多的精力注重工作了，这个秘书在为柯立芝打印文档时，总是犯错误。一次，柯立芝批评女秘书说："你今天穿的这件衣服很漂亮，就像你以往穿的衣服一样，你真的是一位非常迷人的女孩子。只是，我希望你在打印文档时也能够全情投入，注意错别字和标点符号，这样你的文档就能像你一样人见人爱了。"女秘书对这次批评的印象极为深刻，从此再打印文档，错误率就少之又少了。

身为一国的总统，柯立芝完全有权力疾言厉色地教训一个小小的秘书，但柯立芝没有那么做，他用了非常婉转的语言，这不仅体现了他良好的修养，还让女秘书深深为之折服。俗话说："良言一句三冬暖，恶语伤人六月寒"，说的就是这个道理。试想，如果柯立芝采用了粗暴的呵斥方式，女秘书一定会心生逆反，不但不会有进步，可能工作还会比以前更差，而柯立芝也会在这件小事情上折损形象。

许多事实证明，那些管理者运用的暴风骤雨式的批评方式，即便是正确的，也会引起下属强烈的抵抗情绪，而耐心细致的说服教育，既保留了下属的面子，也更容易让下属接受。下面，我们给出管理者在批评下属时需要注意的五个方面：

1. 批评不是宣泄、指责、抱怨对下属不满的机会

人与人之间的相处必须建立在互相尊重的基础上，管理者与下属的相处也不例外。即便下属犯了错误，管理者也必须尊重下属，而不是利用所掌握的权利对下属大肆批评。其实，做错事的人最希望的是得到别人的指正，而不是被人劈头盖脸地指责。

2. 批评不是发泄私愤的机会

管理者一定要弄清楚下属所犯的错误，就事论事，以平和的口气教导下属改正错误。绝不能抓住下属的一件错事，就将过去的"陈芝麻烂谷子"统统翻出来，大说特说一番，等到下属再次犯错误时，又把之前的错事说一遍。这是批评中非常忌讳的，管理者这样做会让下属认为他是在发泄私愤，只能冷了员工的心。

3. 批评之中要有关爱

管理者批评下属不能板着脸孔，一副神圣不可侵犯的样子。批评也不是一定会伤害到下属的感情，其实只要方法运用得当，批评不但不会伤感情，还会增进感情。

4. 批评的方式要灵活多变

人生在世，谁能不犯错误呢！而且，绝大多数人的错误都是在不经意间犯下的，或者是好心办了坏事。因此，管理者应该做的是指导犯错误的下属回到正确的航向上来。批评方式、方法要因人而定，根据各人的性格，视其错误的程度来构思、设计不同的批评方式。

5. 批评要多选在私下的场合

谁都不希望自己不光彩的一面暴露给别人，因此管理者要想让批评收到预期的效果，就不能让下属觉得伤了面子。如果管理者让下属感觉很没面子，下属就会从心底开始抗拒管理者，这样就会让批评适得其反。

总而言之，管理者批评犯错误的下属，一定要做到因人而异、因事而异、

因时而异、因地而异，慎重地选择批评的方式，要尊重下属的自尊心，这样才能让批评收获最佳的效果。

◎ 全方位沟通，解开沟通中的死结

甲骨文公司是全球最大的数据库软件公司，公司规模很大，上下级制度严明，却从来没有过因为级别而影响沟通的事情。甲骨文公司的办公室是敞开式的，不仅管理人员没有独立的办公室，连总裁的办公区也是敞开的。在员工受到上级的不公正待遇或平级之间有了矛盾的时候，都可以第一时间向上级反映，也可以直接找总裁解决。

甲骨文的企业文化让人与人之间实现了真正意义上的彻底沟通，并且做到了彼此尊重，减少了对抗和内讧的机会，提高了员工对企业的认同感，彻底改善了上下级之间的关系。

类似甲骨文企业文化的跨国公司并非少数，他们都非常重视沟通的作用，强调全方位沟通，不留死角。在企业中，中层起着承上启下的作用，既要准确理解上级下达的决策和指令，又要与平级随时互动交流，还要和下属做好工作规划与分配。其中，任何一个环节的沟通不到位，都会对工作的进展造成不利影响。因此，我们以中层领导为例，讲述如何掌握全方位沟通技巧，解开所有的沟通死结。

先来讨论和上级的沟通技巧。在中国的企业中，上级通常都习惯单方面的灌输和沟通，有时还以没有时间为由拒绝下属的主动沟通请求，并且还习惯于用怀疑的眼光看待下属。鉴于上级的上述三个特点，一些中层领导的态度是"你不找我，我才不主动找罪受呢！"此外，因为中层领导认为自己的关注点和诉求点与上级不同，自己掌握的信息和上级也不对称，就更加不愿意和上级沟通了。

但是，想成为一名出色的中层领导，并且有晋升高位的机会，学会和上级沟通是非常重要的。作为下属，中层不可能要求上级做出改变，只能自己做好充分的准备，比如：掌握上级最喜欢的沟通方式；弄清楚上级最讨厌的沟通场合和时间；了解上级的兴趣爱好；了解上级最欣赏的做事方式；了解上级最关心的事情本质；分析透彻上级最喜欢你为他分担什么。总之，要将上级分析透彻，才能做到和上级无障碍沟通。

接着说与平级的沟通技巧。由于双方没有上下从属关系，所以对方很可能不给你面子，你既不能要求人家，也不能每一次都找上级替你撑腰，毕竟上级有很多事情要做。同时，一个下属经常因为沟通出问题而找上级解决，只会让上级觉得这样的下属很无能，是不称职的。

因此，平级之间沟通要掌握两点要素：第一，找到双方的利益交叉点。在和平级沟通时只强调"公司利益高于一切"是没有多大作用的，你应该找到彼此利益的"交集"，并以此来说动对方。如果你能切实考虑对方的实际困难，做到"兼顾彼此"，便可赢得对方的好感，事情会更容易得到解决。第二，积极主动地与当事人直接沟通。同级沟通中，因为没有从属关系，大家都不受彼此制约，因此很容易形成双方都消极的态势，那样问题将永远得不到解决。如果对方不积极，你自己就要积极主动，先迈出沟通的第一步，让对方必须和你沟通。还有一点要注意，要直接找到当事人，有冤说冤，有苦诉苦，且不可能通过别人代转。代转是无法说清楚事情的，代转的过程中信息一定会出现失真，只会令本就复杂的难题更加复杂。

最后说与下级的沟通技巧。很多中层认为自己处于领导位置，主动权是掌握在自己手中的，便没有了顾忌，想说什么说什么，这是非常错误的。和下级沟通也是障碍重重，如果解决不好，同样寸步难行。如果上级习惯单项沟通，不给下属说话的权利，下属也会奉承，甚至隐瞒过失或夸大功绩。

向下沟通的关键，在于中层自身要具备最基本的四项能力：

第一，放下架子

每个人的内心都拒绝被管理，因为被管理就如同被征服一样。作为领导必须知道你和下属只有职位高低之分，并无人格高低之分。所以，中层领导必须放下官架子，尊重下属，平等沟通，这样才能真正走进下属心中，被接纳，被尊重。

第二，控制情绪

很多领导，认为自己拥有对下属的绝对话语权，便持着居高临下的姿态同下属沟通，下属因为身份的原因，不能当面争执，但内心必定不服，矛盾不但得不到解决，反而会激化。领导要清楚这一点，沟通是为了解决问题，遇到事情必须要冷静，要心平气和，沟通才能取得好的效果。

第三，注意言语

很多领导在和下属沟通的过程中不注意言语，会说出一些伤害下属的话。下属的自尊心受到了伤害，是无法再真诚与领导进行沟通的。还有一些领导，沟通时过分注意语言，说话讲求辞藻华丽，给下属的印象不是在平等沟通，而是在举办朗诵大会，下属在虚浮的气氛中是不会真心和领导交流意见的。

第四，换位思考

沟通时最忌讳的就是你想你的，我想我的，双方无法达成共识，沟通必然陷入僵局。所处的位置不一样，思考的方式也不一样，这就要求管理者必须站在下属的立场，设身处地地为下属着想，这样才能更好地理解下属的想法和做法，才能找到沟通的契合点。

◎ 深度会谈，营造开放式的团队氛围

团队中最核心的信息都应该被最高管理者所掌握、驾驭、运用，这样才

能为团队做出最正确的决策，让团队在竞争中占得先机。而能否做好这一点的关键，在于团队内部是否有完善的信息交换机制。

信息交换机制可分为团队讨论、正式会谈和深度会谈三种。团队讨论是最普通的沟通方式，团队成员间几乎每天都要进行数次，每名成员都可以参与，目的是达成某一个小目的的成功。而正式会谈是高级的团队沟通方式，通常指团队会议，目的是做出团队重要的决策，它需要核心成员反复讨论才能最终定案。而深度会谈是最高级的沟通方式，通常是由团队最高管理者发起，进行心与心的最深层次的沟通，让团队成员打开心扉，将心中所想和盘托出。

在深度会谈的机制下，人人都是赢家，每个人都可以说出心中所思所想，这样就会消除团队成员之间可能存在的既有认识差异，达成上下意志的统一，使团队气氛更加和谐。同时，深度会谈对于发挥团队成员的智力潜能至关重要。通过深度会谈，团队成员可以相互促进，弥补个人思维的局限性，充分发挥集思广益的威力。

因此，深度会谈是打造卓越团队的制胜武器。但要真正做好团队的深度会谈，必须满足下列四项条件：

1. 抛出"假设"

会谈时，团队成员必须将自己心中对某件事情已经成熟的假设说出，这叫作"抛出假设"。抛出的过程必须毫无保留，开诚布公，并接受团队其他成员的询问甚至质疑。这是团队任何成员都可以做的，无须以身份而论。

通常情况下，相对别人的想法，人们更愿意相信自己的想法，认为自己的想法是无懈可击的，因此便有了隐藏甚至保留自己想法的心态。因此，要将自己心中所有的假设都抛出来供他人"挑毛病"，这是一种莫大的挑战。但实际上，不敢全盘抛出假设的人表面很自信，其实内心是懦弱的，而敢于和盘抛出假设的人，才是真正的自信。

在抛出假设的过程中，那些不完整的或者不成立的假设都会被大家驳斥得体无完肤，但抛出假设的人并不会因此感到羞愧，因为这个过程会使他们成长，认识到自己的不足。而那些有价值的假设，是能经得起他人推敲的。

作为管理者，很有可能在自己抛出假设后，团队成员碍于上下级关系而不愿意或者不敢有反驳的意见。因此，管理者必须要广开言路，鼓励团队成员畅所欲言，而且管理者要虚心接受，即便听到特别刺耳的批评，管理者也要认真倾听，不能私下记仇，更不能在以后的工作中打击报复。管理者必须明白，深度会谈是搜集信息和融合团队的过程，所有人的意见都是为了团队着想。

2. 建立相互信任的亲人关系

团队成员应该将彼此视为亲人，而不仅仅是工作伙伴关系。这种关系对于加强团队成员之间的良好沟通，消除由于个体差异带来的沟通障碍，会有很大帮助。

作为管理者要放下架子，融入团队成员中，将团队成员当作亲人，这样团队成员才能逐渐打开心扉，把管理者当作可以依赖的人，这样的团队才是有凝聚力的。

3. 学会倾听

当团队成员真诚地说出自己内心最真实的想法时，团队中其他成员必须认真倾听，并且还要适时辅助发言者。这里所指的辅助不是一般意义上的询问，而是拥抱发言者，真心接受发言者的意见，即便发言者所讲的内容与自己所想差别巨大。

如果能做好真正的倾听，你就会发现倾听其实并不简单，也不是单方面的活动，因为倾听可以让大家更直接地察觉到与他人内心的互动。正确的倾听可以协助我们化解人与人之间的隔阂，有助于团队深度会谈的推进。

当团队中有成员没有虚心倾听他人的发言时，管理者必须及时提醒，告诫所有人要用心倾听。

4. 学会尊重他人

必须将团队的每名成员视为"最重要的个体"，即使他现在所发表的言论、他曾经做过的事情一点儿也不符合你的心意，但他依然是团队的一分子，同样作为团队一员的你，就必须尊重他，不能以个人好恶否定他人。

管理者有责任让下属明白：每个人都是团队的参与者、建设者、创造者，并不是旁观者，必须肩负起自己的责任，不能把错误归咎到他人身上，更不能盲目否定他人，这是团队成员互相尊重的基础。

第四章

项目的决策与考核

　　企业和团队是否成功的标志是能否做好项目。项目分前期调查、分析，中期决策，后期执行三部分。关键点在决策和执行，决策是一个项目真正被拉开序幕的阶段，项目以后的发展如何，在决策时就已经决定了。决策正确，项目才可能成功；决策错误，员工再努力也没有用。因此，决策必须依赖考核，用考核来监测决策的正确与否。

◎ 决策能力的开发与培养

美国金融界有句名言："华尔街最怕不确定。"不确定就是缺乏决策力，犹犹豫豫错失商机，也错失了挽救败局的机会。商场竞争拼什么？中层的领导力占一部分，基层的执行力占一部分，这两部分加在一起形成了成功因素的一半，另一半就是高层的决策力。

对于不同层次的管理者而言，其决策的内容是有所不同的：高层领导者谋划全局，做出关于方向、目标之类的重大决策，大多数属于非定型的或风险型的决策；中层决策，是由中层领导者做出的业务性决策；基层决策，是由基层领导者所做的执行性决策。

高层决策是全局性、长远性的，属于战略决策；中层决策，主要起到串联上下级的作用，将高层的全局性决策做具体拆分，执行关于自己团队的那一部分，再将本团队任务细分，将决定传达给基层执行者；基层决策是局部性、短期性的，属战术决策。

中国有句俗话："兵熊熊一个，将熊熊一窝。"因此，位置越高的人做出决定的风险越大。基层管理者的某个决定如果错误，仅限于影响局部，只要及时发现，一定能得到挽救，只是公司会遭受一定损失。而中层领导者做出的错误决策，影响比基层管理者的错误决定的影响要大许多，公司承受的损失也会更大，但只要紧急挽救，公司也不会被拖垮。但如果是高层领导者做出的错误决定，影响将是全局性的，会波及整个公司，即便发现很及时，也很难挽救。

决策失误，是最大的失误。尤其是重大决策失误，会给公司和团队带来无可估量的损失，甚至可能是灭顶之灾。

管理专家大卫·林德菲尔德研究企业破产因素发现，世界上破产企业的破产原因有87%在于决策失误。可见决策的正确与否，直接影响企业的生死存亡。

有很多因素会导致高层领导者决策失误，其中最主要的原因是忽略了市场的实际情况，没有客观、理性、全面地分析市场的供求关系，也没有认真分析本企业的状况，最终导致决策者盲目自信，制定了错误的决策。因此，要想保证决策的正确性，既要考察本企业、本部门的实际情况，还要将市场尽可能研究透彻，不要抱侥幸心理，因为每一点疏忽都可能带来灾难性的后果。

正因为决策关乎公司的生死存亡，有些领导者在做决策时，迟迟无法下定决心，在犹犹豫豫中，最终眼睁睁看着商机溜走。不做错误决定可以避免企业败亡的命运，但总是错失商机也无法将企业做大。因此，管理者在做决策时，应避免瞻前顾后、优柔寡断，凭借对市场的判断与直觉，凭借对企业实力的了解，果断而迅速地做出决策。

当高层领导者想要做出某个决策时，必须以客观的态度，正视自己所处的环境，设计两种以上的方案，并计算出每种方案在不同的客观条件下的损益，预见未来的市场走向，这样才能做出正确的决策，取得最佳的经营效果。

高超的决策能力可以为企业带来令人惊喜的发展，因此决策能力是领导者必备的能力。

彼得·德鲁克在《卓有成效的管理者》中指出决策有八个要素：

1. 了解市场的供求关系

这是最先决的条件，每种商品都会被大家需要，但只有市场上缺少的商品才会被大家重视，价格才会因为供不应求而水涨船高。这样的商品就是商机，如果恰好是自己企业生产的产品，可以认真考虑。当然，即便不和自己的企业对口，也可以从商品的附加价值方面入手，看看能否找到商机。

2. 了解竞争对手

竞争对手是不能被忽视的，企业因何做强，就是因为挤压了竞争对手的生存空间；企业因何变弱，就是因为被竞争对手挤压了生存空间。同一个商机，绝不是只有一家企业看到，而是多家企业同时看到，大家都对这块"蛋糕"虎视眈眈，有的想独吞，有的想分享，但无论怎样，都希望自己能分上一杯羹。如果不重视这些如狼似虎的对手，任何的决策都将失去意义，因为决策不是单方面的，要在开拓自己市场的同时，起到打压竞争对手的作用。

3. 了解产品的本质

产品是竞争的核心，对产品的了解要做到百分之百。市场最需要的产品是什么？产品要在哪方面更新换代？公司现有的技术在哪方面需要革新？这些都是决定产品是否受到市场欢迎的重要因素。

4. 了解创新力度

创新是商场永不消失的话题。企业想发展离不开创新，产品想要经久不衰离不开创新，公司品牌想永远屹立不倒更离不开创新。因此，对于决策中所涉及的商品创新力度的思考是必须的。

5. 了解公司的实际状况

知己知彼，百战不殆。不能只观察敌人，更要低下头看看自己。作为企业的领导者，需要不断鞭策自己，注意企业暴露出来的弱点并及时弥补，不给对手留下可乘之机，也防止大厦在内部坍塌。

6. 要找出解决问题时必须满足的条件

要解决某个问题，或者得到某个结果，都需要满足一定的条件。领导者在做决策时，不能凭空臆想，一定要想清楚得到自己想要的结果需要满足哪些条件，并找到满足这些条件的方法。如果这些条件不能满足，那么即使结果看起来很美好，可能永远也无法得到想要的结果。

7. 要仔细思考解决问题的正确方案

领导者要尽力找出解决问题的正确方案和最佳方案。但因为问题都具备复杂性，在必要时可以考虑采取让步方案。

8. 要兼顾执行措施，让决策具备可行性

领导者做出决策，是需要被人执行的。如果做出的决策没有可行性，导致无法执行，这样的决策是毫无意义的。

管理就是决策。上级管理得再精彩，下属执行得再到位，都是为了执行完美的决策。如果没有完美的决策可执行，那管理和执行就如空中楼阁。英特尔公司前 CEO 安迪·葛洛夫说："我们并不特别聪明，只不过在激烈的竞争中，比对手做出了更多正确的决策。"

◎ 放松过程，考核结果

管理学家斯蒂芬·罗斯在给大型公司 CEO 做管理培训时曾说："作为企业的首席执行官，面临的最大挑战是强化企业的领导组织能力，要培养下属不同的管理经验，来点燃员工的工作热情，让员工主动工作，愿意工作。"

罗斯认为："企业首席执行官的主要任务，是让每一位中层管理者能切实参与到企业的管理中，让每一位员工都成为最佳的自我管理者。管理者要给员工空间，让员工自己根据公司的制度来自行制定规则，管理者只需要有策略地听，指点方向，而不能把住员工的手不放松。管理者要让员工自己去做想做的事情，切莫给员工制定框架，只要员工能保质保量地完成任务即可。

但若要让员工能长期保证良好的工作状态，管理者必须要不放松衡量员工的工作结果，避免员工因为长时间没有监督而懈怠。"

罗斯强调："若想让客户感到愉悦，首先就要保证员工的内心的愉悦感。因此，管理者必须要用心关照员工，并告诉员工，作为管理者你将带领企业朝什么方向走。"

罗斯的管理经验称为"流程自由"。企业只有将流程的自由还给员工，员工才能放下压力，在遵循企业大方向的前提下，自主掌握工作的过程。这样，员工才能养成独立思考问题和解决问题的能力，以主人翁的态度面对自己的工作。

"流程自由"是相对于"流程监督"而言的。很多企业的管理者热衷于"流程监督"，不敢放开手让下属独立做事，每一步都要自己进行监管。时间长了，下属养成了依赖心理，也无法提高工作能力。更重要的是，下属和企业是分离的，因为下属在被领导监管的过程中，已经从潜意识里将自己剥离出企业了，没有将自己当作企业中有机的一分子，下属会想："企业是你的，你才上心，我上心不上心无所谓。再说，我做得再好也没用，你依然不信任，我也得不到什么。"当下属的内心产生这样的想法时，就证明管理者的管理方法完全失败。

事实证明，"流程自由"比"流程监督"更能提高员工的工作效率，也更能提高员工的责任心。作为下属，如果上级一直监控自己的工作，会感到紧张甚至不知所措，很多人会因为压力而产生思维短路，甚至不知道该如何工作了。而当领导放松监控后，下属的压力会顿时消散，内心彻底放松，能够更从容地安排工作流程，"随心所欲"地工作，毫无阻碍地完成任务。管理者或许早已发现，当你不在场时，员工的表现往往会非常出色。

执行"流程监督"的管理者，不仅想要结果，也想抓住过程。但是，这种管理方式会让员工心生芥蒂，阻碍了上下级的沟通。如果管理者能给予员工流程上的自由选择权，管理者只监控结果，员工不仅内心放松，还能体会到上级对自己的尊重和信任，进而以更加投入的精神和认真负责的心态来对待工作，努力完成自己的任务。

当然，在给予员工"流程自由"的同时，也要善于控制局面，做好对关键结果的把控，否则会造成"尾大不掉"的局面。

做好"流程自由"的管理，需要注意以下几点：

第一，让员工关注结果

结果就是业绩，不仅企业关心，员工也关心，因为企业能从业绩中得到发展，员工也能从业绩中得到提成和肯定。管理者要将结果的重要性提出来，告知员工，如果完成得好会有什么奖励，完成不好会遭到什么处罚。管理者一定要做到赏罚分明，令行禁止；大功大赏，小功小赏；大错大罚，小错小罚。只有做到这些，才能将目标管理与绩效管理有效结合。目标明确，行动计划和衡量标准具体、可行，是得到最佳结果的基础。管理者要明白，绩效管理是驱动力，是目标管理能否到位的保障。

第二，将时间还给员工

做具体工作的是员工，没有人比员工更清楚工作中的具体事情了，那就将具体工作的规划权还给员工，让员工自由安排时间。很多管理者之所以不让员工自由掌控时间，是怕员工在工作时间做私人的事情。

其实，无论在国内还是国外，员工在工作时偷懒是普遍性的，几乎所有公司的员工都会利用工作时间处理私人问题。对这一问题进行"防"或"堵"，是很难奏效的，而且过于严苛的制度还会引起员工的抵触情绪。于是，一些聪明的管理者做出了让步，干脆给予员工一定的自由时间。比如谷歌公司，将20%的时间划归"员工自由时间"，就是说员工每天在公司的时间里有20%的自由时间可以处理私人问题甚至偷懒。而另外80%时间是工作时间，但依然由员工自行安排工作进度。这个制度也让员工在条件许可的范围内，最大限度地把工作变成一种兴趣。

谷歌的管理者是聪明的，他知道即使不给员工那 20% 的时间，员工也一样会偷懒，甚至偷懒的时间会更长，与其猫捉老鼠一般偷偷摸摸，弄得两边都不高兴，还不如让员工公开、自由地支配一小段时间。更重要的是，有了 20% 的自由时间，员工会感到自己被尊重，管理者理解他们，他们也会用工作中的热情回馈管理者，这样就能创造出双赢的工作氛围。

第三，流程半自由

流程如果过于固化，就不利于员工发挥工作主动性，会阻碍员工的创造力，但流程太自由，又不便于控制。于是，最高明的管理者发现了"流程半自由"这条折中管理的方式。比如：生产计划在生产部门按照固定流程审批完后，移交给生产部门进行生产，生产的具体流程让员工自由支配，但生产部门需要定期监管员工的工作成果，还需要根据实际情况调整后续工作安排，直到最终完成任务。

其实，所谓"流程半自由"，就是在同一个流程中，结合自由流程和固定流程两种用法，使工作流程更加灵活。通常流程的前半段是严格的固定流程，后半段是灵活的自由流程和半固定的监督流程。

"流程半自由"是当今大型企业都在运用的管理方法，也被证明是最有效的管理方法之一。任何一家企业若想做大做强，都必须采用这种管理方法。

◎ 人心不齐，决策难出

有这样一个故事：

山坡上有一窝蚂蚁，约有几百万只之多，它们和谐相处，努力生存着。一个炎热的夏季，雨水迟迟不来，树叶和花草每天承受着阳光的灼烤。

一天中午，山坡上的草突然自燃起火，生活在草丛中的蚁群瞬间被大火吞噬了许多，灭顶之灾就在眼前，剩下的蚁群必须想办法自救。但面对熊熊大火，小小的蚂蚁似乎只能等死。大火的包围圈越来越小了，眼看蚁群就要全军覆没了。

这时，令人不解的场景出现了，一小撮蚂蚁紧紧聚成了一团，它们在等待着。其他蚂蚁明白了，开始靠拢过来，逐渐形成了一个巨大的圆球。在火圈即将合围之时，蚂蚁球滚进了火里，"噼里啪啦"响声不断，但蚂蚁球没有停，只是越来越小了，最后仅有高尔夫球大小的蚁群，终于滚出了火场。

一场大火让蚂蚁几乎丧失了生存的机会，虽然大部分蚂蚁都葬身火海了，但它们用自我牺牲换来了族群生存下去的希望。这些蚂蚁能绝处逢生，彰显的就是团队的力量。原本力量微不足道的蚂蚁，在身陷绝境时，依靠紧密无间的凝聚力，赢得了与死神的较量。

现实中，有很多管理者，也希望自己的下属有蚂蚁这样的精神，能够为了企业的发展赴汤蹈火。于是，各种各样激励员工的策略便应运而生，有加官晋爵的，有加薪提饷的，有增加福利的，有感情拉拢的……但员工在得到好处后，真的就甘心为企业付出了吗？

很多管理者常对下属说："大家好好干，赶超去年的业绩。我们企业的蛋糕做大了，你们每个人能分到的蛋糕自然跟着变大。如果企业的蛋糕越来越小，你们个人的蛋糕也只能越来越小。"管理者说得慷慨激昂，认为自己说的话作用非凡，但实际上最多只有四分之一的员工有了工作热情，愿意为做大企业的蛋糕而努力；另有四分之一的员工会心动，但不会真的行动，因为他们不相信企业的蛋糕做大后，自己真的能分到；另有四分之一的员工根本不屑一顾，只想着干活挣工资而已；剩下的四分之一员工甚至会嘲笑老板，心想："公司就算垮台了，与我有啥关系！"

在企业中，管理层的利益与员工的利益永远不会相等。企业做大做强了，领导层的利益会跟着大幅度提升，而员工的利益提升度相对会很小。这是两个原因导致的，一是领导层在利益分配时所占比例大于员工；二是领导层人数少。因此，如果管理者强调企业的蛋糕做大后，员工的蛋糕也跟着做大，员工内心首先想到的就是企业做大了，受益的是老板和领导层，我们员工能分到多少？所以大部分员工都不会在意此种鼓励方式。

但如果一个企业总是先去满足员工的利益，也无法形成凝聚力，因为他人的利益就是无底洞，做多少都无法满足人性的贪欲。所以，想要真正打造出有凝聚力的团队，找到劳资关系的平衡点是必需的，只要领导层和员工的利益分配平衡了，员工的内心也就平衡了。其实，每个员工的内心都很清楚，自己的利益是永远不能和领导层持平的，员工只求公平合理即可，自己多劳多得，别人少劳少得，自己贡献大，企业就给奖励，别人出了错，就应该受罚。只有员工的心理平衡了，才能理性地看待问题，也才能有热情地去努力工作。

当然，造成企业缺乏凝聚力的因素不仅仅是劳资关系，还有许多方面：

1. 管理者目光短浅

有些管理者只注重短期利益，看不到长期利益，对发现人才、培养人才、做好企业未来规划等深层次、长期性工作不感兴趣。如果一个管理者只是玩短线，下属必定心寒，认为在这样的企业中不会有发展，人心思走是不可避免的。

2. 管理者急于求成

人人都希望成功，还都希望快速成功，可是罗马不是一天建成的，大秦帝国也不是一代人就能实现统一的，都是不断努力的结果。有些管理者，特别是初出茅庐的新手，急于证明自己的能力，没有经过仔细推敲便将头脑中幻想的美好规划付诸行动，导致任务落实难度太大，时间久了，下属会变得心浮气躁，经常产生挫败感。

3. 管理者自以为是

很多管理者只知有己不知有人，仿佛自己的能力超越一切，在给下属分派任务或者解决问题时，一副目空一切的状态，不根据事实做决策，而根据自己的经验和主观臆断做决策，也听不进他人的意见，对实际执行中的困难估计不足，所做的决定严重脱离了实际。

4. 管理者拒绝担责

在企业或团队出现问题时，聪明领导的做法是，即便是下属犯了错误，也会在第一时间将责任揽在身上，以减轻下属的心理压力；如果是自己犯了错误，就更应该做深刻检讨，向大家道歉，因为自己的错误导致大家做了无用功还要承担失败的风险。但很多领导的所作所为正好相反，在下属有了错误后，劈头盖脸进行批评，毫不留情，一副不赶尽杀绝誓不罢休的气势。若是自己犯了错，不仅不承担，还找一切理由推脱责任，将责任推给下属，这样的管理者怎么可能凝聚人心呢！

5. 管理者朝令夕改

命令是决策执行的信号弹，不能随意更改。大家听到命令后，都认真投入工作，没想到几天后决策改了，要求大家执行新命令。这时，员工依然可以认真工作，毕竟对决策做出偶尔的修订是可以理解的。但如果三番五次地对决策进行修改呢？员工还能剩下多少积极性？

6. 管理者缺少规划

任务规划是管理者工作的一个重中之重，但一些管理者因为不重视或者不擅长规划，导致为下属分配任务时，常常顾此失彼，不是有失公允就是考虑不周。这样做会让员工觉得不平衡，阻碍员工的执行力，在员工怨声载道的同时，也不利于团队凝聚力的培养。

7. 管理者乱开会议

有些管理者简直就是开会控，有了事情就开会，没有事情也要召集大家说两句。其实，在需要做重大决定时，开会讨论是很好的方法，但如果不分事情大小，常常开会，会破坏原本良好的工作氛围，让员工产生惰性。当员工变得懒散拖沓、得过且过时，团队凝聚力也就随着丧失了。

8. 管理者不懂沟通

很多管理者不懂得与下属沟通，也不想与下属沟通，张嘴就是官腔，命令下属做这做那，下属迫于级别压力不得不做，但内心一定不服。这样的管理者是不可能和下属形成良好关系的，也就不可能形成团队凝聚力。

9. 管理者缺乏合作

管理者没有为企业注入精神力量，一个没有精神的企业，员工很难有饱满的工作激情。这样平淡乏味的企业，是不会给员工带来成就感的，当然也不会使团队产生凝聚力。

10. 管理者意气用事

管理者凭借个人好恶做事，个人没有原则，公司没有制度，没有人愿意与这样的管理者同心同德，这样的企业也不可能有凝聚力。没有凝聚力的企业就是一盘散沙，随时会被商海的洪流所冲垮。

著名企业管理学家约翰·波特兰德做过一项调查，他发现凡是优秀的管理者，都能将企业或团队带领得生龙活虎，企业或团队的每一个组成个体都有着极强的单兵作战能力，当这些单兵组合在一起时，形成的合力简直超乎人的想象。

约翰·波特兰德为我们总结出了打造凝聚力强悍的团队所需的四点要素：

第一，树立核心精神。管理者和所有下属的心中，都必须达成共识——我们是企业或团队的一员，但不是全部，我们要以团队的利益为最高利益。

第二，找到每个人适合的角色。每个人都有不同的能力，每个人所扮演的角色也不同，管理者要让团队成员的能力互补，而不是发生冲突。一个互补的团队，才能提高个人价值，而团队价值也会发挥到最大；而一个内部有冲突的团队，个人价值必定减小，团队的价值也会缩小。

第三，发挥大家的能力。凝聚力强的团队中，每个人都应积极发挥个人领导力，并将个人领导力和管理者的领导力有效结合起来。而优秀的团队管理者，起到的应是一个主持人或乐队指挥的作用，目的是最大限度地发挥大家的能力。

第四，做合格的团队带头人。打造凝聚力强的团队，核心在团队带头人。带头人若能做到完美，团队必定具有强悍的战斗力，带头人不合格，团队也将毫无战斗力。合格的管理者是团队的脊梁，可以让成员自觉团结在他的周围，并且他也能让每一个成员充分发挥能力，实现个人价值，使团队成为一个融合的"同心圆"，不断成长壮大。

◎ 必要时就做力排众议的"霸王"

作为领导者能够放下身段征询下属的意见，这是非常好的习惯，毕竟"三个臭皮匠，赛过诸葛亮"，集合众人的智慧是最高明的管理方式。一个领导者即便能力再强，也需要他人的辅助，凭一己之力是不可能长久的。

但也有一些领导者陷入了另一个误区，征求某件事情的意见的时候没完没了，甲说这样的方法好，乙说那样的方法好，丙说两个都不错，丁说两个都不好。领导者看着下属各执一词，拿不定主意，便反复和下属讨论，希望下属之间能先达成一致，然后他再做出决定。其实，领导者征询下属意见，是信息收集和智慧汇总的过程，而不应让下属替自己做出决定。领导者要在下属提供的信息海洋中找到对企业最有用的信息，再提炼出下属的意见的精华，最后经过自己的整合，做出最后的决策。也就是说，决策一定要领导者自己做，这是领导者的职责。

除了领导者自己的内心不坚定会影响决策的制定外，一些外部因素也是不容忽视的。比如：企业高层元老的建议，合作方领导的意见，外部因素的压力……这些干扰因素都会让领导者迟迟难以下定决心。当遇到此种情况，就要求领导者用缜密的思考找到最正确的方案，再用广阔的胸怀包容所有反对者的意见，最后以强大的魄力力排众议，推行自己做出的决策。

秦孝公继位时只有21岁，当时的秦国经过秦献公的治理，已经摆脱了衰弱之势，但依然外受强邻的欺压，内有专横的贵族，经济实力和军事实力都落后于中原各国，这让年轻气盛又雄心勃勃的秦孝公非常焦虑。他认识到必须变法革新，才能改变国家的落后面貌。

于是，秦孝公向全国颁布了求贤令，他告诉天下人，秦国要变法图强，有谁能献出高明的计策，使秦国强盛起来，就可以做高官。商鞅此时在魏国得不到重用，听说秦孝公颁布的求贤令后，便来到秦国。秦孝公与商鞅先后交谈四次，认定商鞅提出的变法方案可行，立即重用商鞅。

秦孝公知道改革一定会触及既得利益集团，遭到他们的反对。果然被秦孝公料中，当王公贵族听说要变法了，他们的利益要受到冲击，全都找到秦孝公表示反对，反对最激烈的是三朝老臣甘龙。但秦孝公决心已定，坚决支持商鞅变法。

秦孝公颁布法令，自新法推行之日起，举国上下必须实行新法，商鞅有权依法处理一切违法者，即便宗室权贵犯法，也与庶民同罪。

商鞅变法对王公贵族的利益冲击太大了，他们时刻想找机会扳倒商鞅，以图阻止变法。一些奴隶主贵族暗中串通太子的师傅公子虔和公孙贾，挑动太子犯法，企图破坏变法。商鞅依法惩办，将公子虔割去鼻子，将公孙贾刺面文身。这下捅了马蜂窝，王公贵族成群结队来找秦孝公，说商鞅大逆不道，惩罚太子的师傅就是在惩罚未来的国君，这是谋反之罪。但秦孝公毫不动摇，依然坚定地支持商鞅，并警告大臣们要遵守新法，否则都有可能受到重罚。

商鞅在秦国主持变法十余年，反对者层出不穷，但秦孝公始终没有动摇对商鞅的支持。

变法几年后，秦国的百姓都富裕了起来，秦国迅速成为政治制度先进、经济发达、军力强盛的强国，大秦帝国的雏形已渐渐显露出来。

商鞅变法的主角虽然是商鞅，但背后真正的推手是一国之主——秦孝公。如果没有秦孝公坚定不移的支持，商鞅变法绝不可能成功，也就没有日后雄霸天下的大秦帝国了。

作为领导者，我们就应该在必要的时候做不讲道理的"霸王"，不能顾虑太多，只要认定决策正确，有利于公司发展，即便阻力再多也要坚定实施，并且坚持到底。

◎ 意识和行动都比对手快一步

在生活和工作中，每个人都渴望获得成功，尤其是管理者，更希望带领自己的企业走向辉煌。在竞争激烈的环境下，总是有人先获得成功。于是有人会问："我不比别人傻，我也不比别人笨，别人的成功怎么看起来很容易，我想成功怎么就那么难呢？成功到底有什么秘诀呢？"答案很简单，成功就是永远走在别人的前面，也就是意识和行动都比对手快一步。

成功与失败，生存与死亡，有时只差一步。作为管理者，想要获得成功的喜悦、胜利的微笑、王者的风范，就必须永远比对手快一步。

战国时的李斯，不甘于一辈子做普通人，便拜儒学大师荀子为师，修帝王之术。学成后，李斯便思考到哪里才能施展自己的抱负。

李斯对当时的战国七雄逐一做了分析，将各国的经济实力、政治实力和军事实力做了比较和分析，他认为韩国、燕国已经是强弩之末了，覆灭只是时间问题；魏国和赵国因为紧挨着秦国，战争不断，实力大损，没有机会复兴，也难逃灭亡的命运；齐国曾是过去的霸主，虽然远离秦国，但已经江河日下；楚国虽然地域辽阔，比较强大，但国君没有作为，前景渺茫。

经过分析后，李斯认为，只有秦国，无论是国家的综合实力，还是国君的个人能力，都堪称当世第一，到了秦国一定可以得到建功立业的机会。于是，他来到了秦国，经过一番努力，做到了丞相，最终辅佐秦始皇统一了天下。

李斯无疑是意识和行动都更快的人，在当时的乱世中，他通过冷静的分析，看出来秦国将是未来一统天下的国家，便立即行动来到秦国。虽然他到秦国的最初几年很不顺利，但历史证明李斯的选择是正确的。

古语说："不出户而知天下，不窥牖而见天道。"说的是不出门就可以知道天下大事，不开窗就可以看见日月星辰等天体的变化，但要想达到这个境界，就需要管理者能提前一步做好准备，在对手不出门时，自己已经出门了，收集到了足够的信息，然后才能坐在家里便知天下大势。

新东方教育科技集团最初只是一个外语培训班，后来逐渐发展成全国连锁的教育机构，并成为中国第一个在美国纽约证券交易所上市的教育企业。

新东方教育科技集团的 CEO 俞敏洪是个意识和行动都很超前的人，从有了让新东方在美国纽约证券交易所上市的想法起，他便引入了普华永道的审计制度，让审计师进入公司，严格按照上市公司的标准去运行。等到申请上市时，新东方送给美国证监会审查的财务报表和公司经营制度，竟然没有一点儿瑕疵，一次性全票通过。

你或许认为自己够快了，已经比对手快一步了，自己能够带领团队击败竞争对手。但你是否知道，很多时候并不是你真正够快，而是因为对手太慢。当你遇到一个不够快的对手时，千万不要因为战胜了这样的对手而高兴。因为，慢动作的对手会让你意识松懈、动作迟缓，还会让你的团队战斗力减弱，你却下意识地认为自己是因为比对手快才取得了胜利，完全没有意识到那只是对手太慢的缘故。当你领导的团队日后遇到更快的对手时，你会手足无措，你的团队也会没有还手之力。

有些时候，你确实很快了，但依然赶不上对手。这时，你千万不要抱怨，要想尽办法让自己变得更快。

其实，商业竞争就像一场接力赛，只要领导者能做到在每个时段都比对手快一步，而且永远不放松，最后的胜利一定属于这样的管理者和他带领的团队。

◎ 不会放风筝式管理，只会自己累到死

放风筝是一种古老的风俗，风筝在天上随风飘动，地上的人拉着风筝线，调整风筝的飞行高度和方向。有时风筝飞得很高，站在地上看，硕大的风筝已经变得很小很小，但无论风筝飞得多高，它都永远操控在放风筝的人的手中，随着人对风筝线的拉扯而移动。当放风筝的人想要结束时，风筝只能乖乖地回来。

人对风筝的控制是不是会启发企业的管理者呢？放风筝的人并没有费多大力气，只需要拉着风筝线，就会牢牢地控制住风筝。

管理企业也要像放风筝一样，给风筝一定的自由空间，任其高飞，但手中永远要掌握住风筝线，这样就不怕风筝会飞走了。

"风筝"可以是企业或团队的全体员工，"放风筝的人"是最高管理者，风筝线就是管理的制度和方法。在企业或团队中，管理者的角色既是规划者，也是沟通者，更是协调者。

优秀的管理者必须具备四项素质，才有做好放风筝式管理的能力：

1. 缜密规划

规划是决策的先导，没有规划就没有决策，不经过规划的决策是没有根基的。一般大中型企业中有固定的规划人员，但核心规划者还是最高管理者

本人，如果管理者没有缜密规划的能力，规划人员做得再好也等于在做无用功。要想"风筝"飞得高，规划是最基本的能力，管理者如果不具备这种能力，连决策都会制定错误，没等到执行"放风筝"的这一步，便被商海淘汰了。

2. 果断决策

决策关乎着企业的生死存亡，也是对管理者的终极考验。管理者不仅要有能做出正确决策的能力，还要具备果断做决策的魄力。为何叫决策？关键在"决"字上，"策"是大家共同智慧的结果，"决"就需要管理者一个人下定决心，如果管理者决心不足，那"策"再高超也没用。没有正确而及时的决策，企业将会失去商机，团队也无法形成凝聚力，管理者的掌控能力也将下降。

3. 人际沟通

比尔·盖茨说："成功者的经验是，人的生命是与周围的环境进行交易的过程，如果这个交易的过程进行得好，成功的概率就大。"管理者的人际沟通能力将直接影响到放风筝式管理的效果，沟通能力强的领导可以稳坐钓鱼台，等着下属建立功勋；沟通能力不强的领导，如坐针毡，时刻会面对企业内部的矛盾，企业的凝聚力将无从谈起。

4. 情感协调

所谓情感协调，是指在情感和人际危机面前只会受到激励，而不会受其困扰的能力。人都是有感情的，制度规范和人际沟通都是管理的一种方法，而情感协调则是人与人之间的情感交流。当管理者和下属在情感上产生共鸣时，会形成统一的价值观，有了统一的价值目标，管理者再进行放风筝式的管理，将会事半功倍。

其实，管理者想要行使手中的权力不仅需要老板的名衔与权位，更需要员工的配合。没有员工的配合，光杆司令是什么事儿都做不成的。也就是说，管理者的真正权力需要员工来赋予。当员工甘心配合管理者的管理，管理者就可以真正实现放风筝式管理。

管理者想要通过放风筝式管理带好企业或团队，必须做到以下五点：

第一，上下级价值观统一

作为管理者，提出的价值理念虽然不能代表所有人的价值理念，但必须代表大多数人的价值理念，并且是与时俱进的。

然而，价值观的统一绝对不是一朝一夕的事情，管理者不能将自己的价值理念强加给下属，强迫性的措施会引起下属的反感，导致下属的抵触心理大增。比如：清军入关后提出"留头不留发，留发不留头"的强硬口号，强迫汉人剃发，导致汉人强烈反对，各地动乱不断。因此，要想形成统一的价值观，管理者必须要以公平的心态向下属进行讲解，下属有不解之处，要耐心解答，下属若提出更好的建议，管理者要虚心接受。

第二，上下级目标一致

目标是企业奋斗的方向，每个企业的管理者都希望自己的企业能越来越强大。但如果仅有做强企业的目标是远远不够的，毕竟实现目标要依靠的是人，需要员工努力工作才能实现目标。不聪明的管理者将企业打造成了监狱，每时每刻都在监视员工的工作进度，这样员工的工作效率提升了不少，心却早已离开了，有的员工甚至希望企业尽快倒闭，好给自己出口恶气。若是让员工对企业产生如此大的怨气，企业想要实现任何目标都很困难。

管理者要想办法将企业的目标分解，辐射到每名员工，让员工看到企业发展壮大后自己所能得到的利益，这样不用监管，员工也会努力工作，因为"大河涨水小河满"。

第三，制度公平合理

管理企业必须要有一套公平合理的制度。现代企业有三大制度体系，第一是营销制度，第二是财务制度，第三是人事管理制度。一套健全的企业制度能够规范员工的行为举止，通过对员工行为的约束达成思想上的共识，这叫作行为识别。作为管理者也必须受公司管理制度的约束，这样的管理才公平合理，具有权威性。

第四，富有人性化

不要将制度视为"冷血章程"，制定时丝毫不考虑人文关怀，在有人违反时毫不留情，一副欲"杀之而后快"的感觉。制度是给人定的，是一种约束方式，既然是施加给人的，就必须要考虑到人文关怀。人是有感情的生物，不是机器人，每名员工都希望得到企业的包容，也希望得到管理者的关怀，因此，制度必须人性化。

当然，制度也不能过于人性化，那样会偏离制度的本意，只要在制定制度时，多考虑一些人之常情就可以了。而且，制度是死的，人是活的，在一些特殊的情况下，允许管理者超越制度的范围，但前提是要做对企业有利的事情。

第五，员工形成敬业习惯

如果员工能在价值观统一、目标一致、制度公平合理并富有人性化的企业工作，经过一段时间，员工就会形成敬业的习惯，这种习惯就是管理者梦寐以求的。当员工都能做到真心敬业，管理者便实现了放风筝式管理。

◎ 懂得授权与放权

杰克·韦尔奇说："管得越少，成效越好。"管理者管得少是对企业制度的信任，是对下属的信任，更是对自己的信任，因为制度是管理者定的，人才是管理者任用的。

作为企业的管理者，必须要敢于放权，还要善于放权，这是管理者成熟的表现，也是管理者取得成就的基础条件。

但在国内，很多企业的管理者不肯放手，死死抓住权力，事必躬亲，下属们也习惯了唯命是从，企业文化被"一把手"文化取代。

其实，在企业草创时期，管理者事必躬亲、全权负责是对的，那时资本少、人员少、面临的问题也少，便于管理，如果进行细化分工，反而达不到快速发展的目的。但是，当企业发展到一定规模后，管理者就要逐步对一些具体性工作放手，授权给下属，建立管理团队，用团队管理取代个人管理，这才是现代企业的管理制度。

如果管理者管理的事项太多了，只信任自己，不相信下属的能力和忠诚度，不仅会累坏自己，也会导致下属能力退化。因为，管理者长期干涉下属的工作，会让自己变得独断专行，疑神疑鬼，也会让下属倍感束缚，养成依赖、封闭的行为习惯，把工作积极性和创造性抛弃得一干二净，这都非常不利于企业的发展。

诸葛亮就是一个事必躬亲的管理者。刘备去世后，诸葛亮受遗命负责蜀国一切事务。

诸葛亮对自己的才能很自信，当然他也确实才华横溢，便养成了事事亲力亲为的习惯。当时的蜀国，从国家大事的处理，到战略战术的制定，到备战军需的筹备，到文臣武将的任命，甚至到士兵的赏罚，百姓的衣食住行，诸葛亮都要亲自过问。

而在强大的魏国，国家的最高统治者皇帝只需要处理国家大事，各级臣子都有分工，形成上下分工，紧密协作的局面。魏国的人才可以通过出色的政绩脱颖而出，魏国国力也日益增强。

反观蜀国，因为诸葛亮事必躬亲，人才难有出头之日，很多人只能终生被埋没。也因为诸葛亮个人能力的局限性，很多事情做得并不正确。最终，诸葛亮累死在五丈原，落得"鞠躬尽瘁，死而后已"的美名。但这个美名是残缺的，因为诸葛亮的努力和勤奋并没有使蜀国强盛。

显然，最终将诸葛亮击垮的不是魏国的司马懿，也不是"匡扶汉室"的宏愿，也不是纷繁复杂的国家大事，而是那些微不足道的鸡毛小事。这些小事本不该让诸葛亮操心的，但他选择了自己去做，不仅将自己累死了，还堵死了蜀国人才向上流动的渠道，造成了蜀国后期"蜀中无大将，廖化作先锋"的悲剧局面。追其根由，就在于诸葛亮不善于授权。

很多企业的管理者也和诸葛亮一样，只懂得死抱权力，不敢撒开手。一种原因是他们对自己所建立的制度不信任，有些企业干脆就没有形成制度，都是管理者在搞"一言堂"，管理者也很迷信自己的能力，坚决不放权。另一种原因是对下属的不信任，担心下属能力不够，耽误了企业的发展。

其实，优秀的企业管理者能够通过放权来发现人才、培养人才。他们明白，如果不给他人试一试的机会，就永远不会知道别人能做到多好。

当然，敢于让他人试一试也不是盲目的，不是单纯地为了放权而放权。放权的关键点是授权人的信任和受权人的能力。管理者只有在认可下属的能力，并认为下属可以用好相应的资源后，才能做到真正的充分授权。

杰克·韦尔奇说："企业管理者的首要任务是一手抓种子，一手拿化肥和水，让种子成长。让你的公司发展，让你身边的人不断进步和创新，而不是控制他们。"他还说："授权是一种境界，是一种依托企业文化而建立的至高无上的经营方式。"

第五章

没有任何借口的执行力

如果说决策是企业培育的胎儿，执行就是将胎儿养育成人。执行力强大的团队，能让胎儿茁壮成长；执行力不足的团队，会让胎儿瘦骨嶙峋，甚至胎死腹中。即便决策迅速而准确，如果执行不到位，也是一纸空文；即便制度制定得再完善，如果缺少执行，也是废纸一张。

◎ 执行力与制度

　　企业能否良性、健康、快速地发展，首先要看制度是否完善，然后看企业内部人员从上而下的执行力。制度制定得完善，执行力就有了最基本的保障，因此执行力的好坏与制度的建设直接相关。

　　在一些中小型企业中，制度通常就是最高管理者独立起草然后公布。但在一些大型企业中，制度一般都交由下属各部门起草，这样可能会导致各部门起草的制度相互不兼容，给执行带来麻烦。

　　比如：企业的采购部门在制定制度时，首先会考虑对采购最有利的条款，必须要确保本部门的利益，而不会考虑其他部门的利益；而销售部门在制定制度时，也会先考虑对销售最有利的条款，保证本部门的利益，而其他部门的利益就不是重点了。其他部门也是如此，都只看重本部门的利益。

　　这类企业制定出来的制度必然五花八门，各部门的制度没有统一普适性，对待同一个问题会形成多种处理意见，而多数情况下，这些处理意见都不能达成共识，这将导致企业的执行力十分低下。同时，因为各部门独立制定的制度将导致管理者没有统筹掌管企业的依据，只能被下属部门牵着鼻子走，形成了"尾巴指挥脑袋"的畸形状况。

　　因此，企业在制定制度时首先要以提高执行力为原则，一切制度都是为了提高执行力而服务。要点如下：

1. 制定公司总体制度大纲

不反对由各部门独立制定制度，但企业要首先制定出统一的制度大纲，不能让各部门自由发挥，企业必须要求各部门在制定制度时将其他关联部门以及企业的整体利益都考虑进去，不能"只扫自家门前雪，不管他人瓦上霜"。这样，在统一的框架要求下，各部门会中规中矩地制定制度，各部门制定的制度会成为企业制度链条中和谐的一环。

2. 公平公正地执行制度

制度制定完成后，就必须立即、毫无偏差地遵照执行。好的制度若是得不到有效执行，一样没有效果。

执行制度严禁看人下菜碟，以不公平的态度对待下属，一些按照制度办事的员工会因为上级的不公平而吃亏，而没有按照制度办事的投机取巧的员工会因为上级的偏袒而得到好处。这样的情况是最损害员工工作积极性的，也是最影响执行力的原因。

李宝金在公司做销售已经三年了，工作非常努力，业绩也很突出。李宝金来自西北，家里条件比较困难，平时总是省吃俭用，一部分钱寄回家里给父母，一部分钱自己攒起来。因此，李宝金的衣着就相对朴素，平时的生活重点就是如何多赚钱，还要省钱。

林强高也在公司做销售，工作一年半，不太努力，因为他够机灵，业绩还可以。林强高家里没有负担，穿着打扮很时髦。

老板也是个喜欢时尚的人，所以对林强高印象很好，而对兢兢业业工作的李宝金则印象一般。公司销售部副主管离职了，必须有人接替。按照业绩考核，李宝金排在第一位，是接任副主管的不二人选，销售部的其他员工也这么认为。但老板并没有根据制度规定进行考核，而是依照自我喜好任命林强高为销售部副主管。

这个决定在销售部引起动荡，李宝金内心愤愤不平，大家在心里也觉得不对，一边为李宝金鸣不平，一边为林强高的投机取巧感到不屑。

但决定已经做出了，林强高走马上任。但他每天想的不是配合主管完成销售部的工作任务，而是整天琢磨怎么才能让老板更欣赏自己。其他员工也看到了晋升的捷径，逐渐地将重心都转离了工作，心思都放在穿着打扮上。只有李宝金还在默默地努力工作。

此后近一年的时间里，销售部的业绩比往年下降了一半，而且大部分都是主管和李宝金两个人完成的。老板意识到自己做出了错误的决定，这次他吸取了教训，根据公司的制度，宣布林强高没有做好销售部副主管的工作，当场免职，并检讨了自己用人不当的失误，又表扬了销售主管这一年来独立支撑局面，还鼓励大家再接再厉，不要受到以前事情的干扰，努力做出成绩，最后宣布任命李宝金为销售部副主管。

这个案例说明，如果管理者不能公平公正地执行制度，再好的制度也是一纸空文，当下属发现认真工作不能得到认可，而投机取巧却能获得机会时，下属的工作热情会立即减少，精力会不由自主地放到能够帮助他们得利的其他事情上。如果员工都不务正业了，企业何谈执行力！

3. 制度也要灵活

很多管理者认为制定了制度就要严格执行，决不能更改。管理者有这样绝对的想法，也不行。制度是死的，也不可能包罗万象，总有游离在制度以外的事情，需要领导灵活处理。遇到特殊情况，如果死卡着制度，会将原本的好事变成坏事。

任何一个企业的制度提供了员工向上发展的阶梯，当然也会在员工犯错误时进行相应的惩罚。比如：普通员工如果工作优秀，可以通过不断晋升，最后跻身管理层。国内外很多大型公司的高管都是通过自己的努力从最底层打拼上来的。但制度不是万能的，如果制度阻碍了员工的晋升通路呢？

　　一家中型规模的电话销售公司，办公地点是一幢写字楼的17层。总经理最近发现整个楼层的卫生比以往强了好多，楼梯扶手没有一点儿灰尘，楼道的地砖也一尘不染，玻璃也被擦得很亮，卫生间也非常干净，一点儿异味都没有……

　　总经理每天在这样干净的环境中工作，心情很舒畅，他把人事部主管叫来，询问卫生是谁打扫的。

　　人事部主管说："一个新来的清洁工，我觉得她打扫得还可以，比辞退的那个强。"

　　"嗯，强太多了，原先那个就是糊弄。说说这个清洁工的情况。"

　　"好的。是个四十岁出头的大姐，身材不高，但非常肯干，丈夫去世了，两个孩子，男孩读高中，女孩读初中，靠她一个人养活。"

　　"哦！她每月的工资是多少？"

　　"1350元。"

　　总经理觉得有些少，问道："怎么还没上一个清洁工多？"

　　"这一次吸取教训，对清洁工也采用了一个月试用制，一个月内工作好的，工资会提升到正常的1600元。"

　　"她干了几天了？"

　　"今天第七天。"

　　总经理对清洁工的工作很满意，说："可以提前结束试用期。通过一个星期就可以看出来了，她从明天起算正式员工。"

　　"但公司的制度是，试用期一个月必须要结束才可以转正，不能提前转正的，公司从来没有过先例，何况只是一个清洁工。"

　　总经理说："这位清洁工工作得非常好，已经很大程度地超过了公司的标准，公司也应该表态，对这样的员工就应该给予额外的奖励。再有，她的家庭条件好像不太好，每月多挣两三百元对她有很大的帮助，作为公司领导，我们有责任帮助自己的员工。"

人事部主管点点头，说："您说得对！好，明天就给她办转正手续。"

总经理又说："咱们公司只有一名清洁工，不可能提升职位，我看给予额外奖励比较好，你去安排，然后向我汇报。"

人事部主管领命而去，三天后公司公布了对清洁工的奖励办法：首先，这名清洁工一个星期便可结束试用期，直接转正；其次，将这名清洁工评为劳动模范，并承诺每季度都给予额外奖励；最后，公司决定给清洁工的两个孩子出一年的学费。

显然，总经理是不希望这样一位优秀的员工离开公司的，但公司又不能给她提供向上流动的制度通道，于是总经理便决定给予清洁工制度外的奖励。总经理如此厚待一名清洁工，会让清洁工感激不尽，更加卖力地工作。更为重要的是，其他员工看了会怎么想：一个清洁工干得好，老板都那么看重，我们是公司的核心人员，如果我们干得好，老板肯定会对我们更好！

所以，有的时候，制度并不能解决所有人的执行力问题，需要领导拿出魄力和领导魅力，使企业中所有努力工作的员工都感到有尊严，有前途。

◎ 决定企业执行力的四要素

当前社会竞争残酷，企业已经不能靠某个部门单方面的优势来应对变化无常的市场，因而企业内部各个部门的能力都迫切需要整合，形成合力。很多大中型企业经过十余年以上的发展，已经形成完整的规章制度，具有常态化的"管理平台"，但企业的管理者对"管理平台"的理解和运用普遍存在误区，最终会动摇"管理平台"的地基。

执行力关乎企业的命运，因此解决好这个问题是企业管理者最紧要的任务。

1. 决策的可执行度

执行力是员工对决策的执行能力、执行态度的体现。很明显执行力是对双方面的要求，决策是一方面，员工是一方面，只有两方面顺利接轨时，企业的执行力才能最强。也就是说，决策很正确，很符合人性，但员工不给力，不认真工作，执行力是不可能得到保障的。如果调换一下，员工很给力，经验很丰富，并且任劳任怨，努力工作，但决策不够正确，那么员工的付出只能换来事倍功半的效果，员工的收获和努力不成比例，执行力也不可能得到良好的体现。因此，企业的管理者必须要制定出可执行的决策，不能不考虑企业的承受力，随意制定没有可操作性的决策，让员工去完成能力之外的任务。

2. 员工的执行力

员工的执行力 = 员工的基本素质 + 员工的工作经验 + 员工的工作熟练程度 + 现代化工具。

第一，员工的基本素质。如果员工的素质不够，那么他的经验和工作熟练程度也无从谈起。一般来说，经常犯小错误的员工，素质相对较低。因为小错误往往都是最低级的，只要稍有责任心的人都不可能犯，只有没有责任心的人才会屡次犯低级错误。这样的员工，企业培训部门可以尽力教育，如果依然如故，就应坚决辞退。

第二，员工的工作经验。员工的工作经验要从工作中不断累积。每名新员工入职后，公司一般都会安排老员工进行"传、帮、带"，新员工可以一边干一边积累经验，经验逐渐丰富了，员工的执行力自然就提升了。

第三，员工的工作熟练程度。员工的工作熟练程度是建立在工作经验的基础上的，经验丰富了，操作自然就会熟练起来。但这里要注意一个问题，员工在工作经验不足、工作不熟练时，内心会有紧张感，害怕出错而精力集中。而等到工作熟练之后，精力便容易分散，甚至有些人认为自己闭着眼睛都能完成工作，这样出错的概率将大大增加。企业培训部门要针对此类现象进行专门培训，提高员工的敬业精神，进而提升执行力。

第四，现代化工具。现代化的工具是企业提供给员工完成工作的必备工具。俗话说："活好还要家什妙"，员工对现代化工具的掌握能力非常重要，如果员工不会使用现代化工具，或者掌握现代化工具的能力不足，这名员工即使再努力，他的工作效率也绝不会高。

3. 员工的执行动机

员工有什么样的执行动机非常重要，因为仅仅要求员工会做并不够，还要让员工发自内心地"肯做""愿做"才可以。让员工"肯做"，不是喊喊口号就可以办到的，要想办法调动员工的主观能动性和责任心，比如：提高薪水待遇、福利，给额外奖励等，总之在合理的范围内让员工在接受工作后尽一切努力想尽一切办法把工作做好。

员工的执行力还来自对企业的判断，但这个判断不是马上就能形成的，是由该名员工在企业中的自我定位决定的。管理者必须让员工感到公司制度公平合理，这样员工便会坚信，只要他按照公司指引的方向工作，就会获得管理者的青睐和关照。

因此，管理者一定要提升员工的执行动机，具体办法如下：制定公平合理的制度，能者上，平者让，庸者下；奖惩一定要公正，不能有半点儿偏差；在企业内部形成正确的导向，让员工看清未来的方向；树立执行力好的员工作为榜样，让其他员工有参照的标准，从而激发其他员工超越参照标准的动力。

4. 员工的执行态度

态度决定能力，态度决定高度。如果一个人有一流的态度，只有三流的能力，那么这个人的能力会逐渐提升到一流；但如果一个人是一流的能力、三流的态度，那么这个人的能力必将滑落到三流。这就是态度的作用。

员工有了一流的工作态度，工作必然认真，即便是新员工，也会通过自身的努力逐渐提高执行力，但若是老员工没有认真的工作态度，也不会有好的执行力。

一位教授在大学讲授工商管理学课程，有一个男生学习很不错，人也机灵，口才也好，深得教授喜欢。但最近教授发现男生来上课的次数越来越少了，后来干脆不来了。教授经过打听才知道，这个男生正在创业，和同校的两名学长一边开网店，一面筹划开实体店。

得知这样的情况，教授很气愤，派人找到这个男生，训问道："你怎么随随便便就不来上课呢？"

男生满不在乎，回答说："我正在创业，哪有上课的时间。"

教授看到男生这样的态度更加生气了，说："你是大一新生，忙着创业干什么？你现在应该好好学习，用知识武装自己，把自己锻炼得足够坚强了，才能去创业。现在你太脆弱了，一点风吹草动都承受不起，而且知识储备也不足，还……"

"我没有时间上课！我现在很忙。"男生打断了教授的话，理直气壮地说："大学就是人生实践的起点，我必须加快速度，在大学毕业时闯出自己的一片天地，走在别人前边。至于学习嘛，到时我事业有成，毕不毕业无所谓。"

教授继续劝说，但怎么劝说男生都不听，认准了自己一定能创业成功。教授一看，孺子不可教了，便让男生离开了。从此，男生彻底不来上课了，期末考试经过几次补考也未能通过。而他近一年在商海摸爬滚打，并没有实现出人头地的理想，相反碰得头破血流，赔了不少钱，最后还都是由父母帮其偿还的。这名男生也被学校勒令退学，虽然经过反复恳求，学校同意他继续学习，但男生拿起早已陌生的课本，内心非常难受，他耽误了太多宝贵的时间。

这名男生用"我没有时间上课"回答教授，就好比工人说"我没时间工作"、农民说"我没时间种田"一样。

态度决定高度，体现在执行力上就是：执行力 + 执行动机 + 执行态度，决定了一个员工的执行力。

管理者不能亲自参与到员工的执行环节中，但却是执行力最有效的促进者和掌控者。管理者就像是世界级交响乐团的指挥，每名演奏家都是音乐大师，但他们仍然需要一名指挥来协调彼此。管理者就是这名指挥，员工能否更出色，完全看管理者的指挥的功力，管理者指挥到位，企业的执行力才能得到提升。

◎ 领导自律，团队自觉

作为企业或团队的领导者，在做好自己的本职工作的同时，为下属做出榜样；在面对困难时，将踏实坚韧的精神传达给下属，让大家能够勇敢乐观地面对挑战。只有做到上述两点，才能有效地提高和强化员工的执行意识。

员工的行为很大程度上会受领导者行为的影响，员工往往会以领导者作为自己的榜样。比如：擅长思考的领导，下属往往也会注重思考，凡事三思而后行；注重实际结果的领导，下属的行为方式也通常是老练沉稳的；雷厉风行的领导，下属做事的风格常常是快捷和高效的，从不拖泥带水；好高骛远的领导，下属也会随着滋生出骄傲的心态，做事浮夸，不能脚踏实地；承受能力不强的领导，下属的承受能力也不会强，遇事就慌，不能静下心来找方法……总之，领导对下属的影响非常深远，甚至可能会改变长期跟随他的下属的性格。

领导者的带头表率作用对于增强团队执行力的意义是极其重大的。剑桥大学经济关系教授卡尔·西蒙在一份对员工行为的研究中发现：通常企业中的员工在最初都非常相信企业的领导者能够履行承诺，并能认真按照企业的要求去做，这时企业的执行力要比日后员工发现领导者并没有履行承诺时的执行力高出很多。

同样的领导，同样的员工，为什么执行力会如此悬殊，责任不应该由员工承担，而应该由领导者承担。现实中，很多领导者却将这种责任推给了员工，片面地认为是员工没有责任心导致企业执行力下降，其实是领导者没能履行承诺伤害了员工的心，才导致企业执行力下降的。因此，作为领导者，如果想让团队具备更强的执行力，获得更好的业绩，就必须履行所做出的承诺。

荷兰皇家壳牌集团规定：各级管理者首先要遵守公司的制度，他们必须养成高尚的情操，成为遵守制度的模范，并以此影响下属，体现出身教胜于言教的管理作用。

在壳牌公司，中高层管理者要像普通员工一样，每天上班必须刷卡才能进入办公室，上班期间也必须要佩戴胸卡。在乘车进入厂区时，任何人都必须下车刷卡，一律接受严格的开箱检查。

壳牌公司推崇人人动手的企业文化，对管理者的要求也是如此。壳牌公司不需要只会动嘴不会动手的管理者，壳牌公司没有一个人只需动嘴就能挣到钱。管理者的能力不只体现在语言能力上，还体现在是否能身体力行上。即使是首席执行官，也要亲自动手，给下属起示范作用。

古语道："其身正，不令而行；其身不正，虽令不从。"现代的企业管理者当以此为鉴，以身作则，带头示范，从而对员工的执行意识和执行力产生积极的影响。

◎ 提高员工的执行力

有一本书叫《把信送给加西亚》，讲述的是在美西战争中，美军有一封具有战略意义的书信，急需送到古巴盟军将领加西亚的手中，但加西亚正在丛林中作战，没人知道他具体在什么地方，怎样才能把信送给他呢？此时，年轻的中尉罗文挺身而出，不讲任何条件，将生死置之度外，历尽艰险，徒步三周后，走过危机四伏的道路，把那封信交给了加西亚。

这个传奇的送信故事，已在全世界广为流传，《把信送给加西亚》一书也畅销不衰，风靡世界。主人公罗文正直、忠诚和为了完成任务将生死置之度外的精神，是每一个职场中人都应该学习的。

随着商业竞争的日益残酷，企业必须紧跟时代发展的步伐，同时也更需要忠诚、负责和工作积极主动的员工。企业若想加快发展的进程，就需要员工能像罗文中尉一样，没有任何借口，认真执行上级安排的工作，尽最大努力做好。

其实，员工来到一个公司工作，第一想法都是如何将工作做好，并希望通过努力工作来提升自己在企业的地位，实现自己的人生价值。但是为什么很多员工的积极性总是不能持续，执行力总会随着积极性的下降而降低呢？原因就是企业管理者没有想办法提高或维持员工的积极性，相反却因为不健全的制度或不公平的赏罚降低了员工的执行力。

作为企业的管理者，不能要求自己的员工都像罗文中尉那样出色，毕竟能够真正做到大公无私的人是极少数的，很多人都是"无利不起早"。因此，企业应该将更多精力放在提升现有员工的执行力之上。

管理者要提高员工的执行力，需要将员工分成两类来看待。一类是执行力较强的员工，对于这部分员工只需做到赏罚分明，公平合理对待即可，不需要过多的监督或督促，那样反而会让这类员工心生反感，导致执行力下降；另一类是执行力不强的员工，就需要管理者根据不同的情况具体分析、具体对待了。

执行力不强的员工通常分为五大类：

第一类：懒惰的员工

这类员工不仅在工作中懒，在生活中也懒，如果不是为了挣养家糊口的钱，他们是绝对不会出来工作的。因此，这类员工对工作中的任何事情都提不起精神，能逃避就逃避，不能逃避也会借助各种借口拖延，他们是拖团队执行力后腿的人。

对这类员工，管理者要随时监控他们的工作进程，时刻给他们施加压力，不给他们偷懒耍滑的机会。

第二类：自认为聪明的员工

这类员工往往都自以为聪明，认为自己比其他人头脑灵活，有时为了展示自己的聪明和与众不同之处，他们往往不按流程工作，喜欢走捷径，崇尚出奇制胜。他们也不在意公司的规章制度，有为所欲为的心态，凡事喜欢按自己的想法来。他们之所以会这样，就是认为自己的小聪明能瞒过上级，但这类人往往"聪明反被聪明误"，无法做好工作。

对这类员工，管理者应该加强一对一沟通，一面肯定他们的"聪明才智"，一边督促他们做到更好。他们得到了表扬，思维模式和行为模式才会逐渐得到改正。当然，对于沟通不起作用的员工，管理者就要依据流程和制度来进行强制要求。

第三类：三分钟热度的员工

这类员工总是很有激情，却总是没有办法将激情持续下去，遇到困难就会"迎难而下"，做事虎头蛇尾。

对这类员工，管理者必须要求他们制订详细的执行计划，同时做好监控工作，对他们遇到的困难予以指导，在适当的时候进行激励，以保持他们的热情。

第四类：马马虎虎的员工

这类员工做事总是不够认真，明明能力不错，熟练程度也够，但就是因为马虎而经常出错。他们出错的原因，是有完成任务就万事大吉的思想。在他们的字典里，"大概""或许""可能"是最多的词汇，而很少出现"精确""到位""细致"这样的词汇。

对这类员工，管理者在分配给他们任务时，要将工作要求用尽可能精确的数据去界定，进行量化管理，一切以结果、数据为准。

第五类：不服不忿的员工

这类员工因为自视甚高或者认为得到的待遇不公平，常常会表现出愤愤不平的样子，他们好似炸药桶，随时有可能爆炸。

对这类员工，管理者首先要了解他们的愤愤不平的原因是什么，做好抚慰工作，打消他们的不平之心。给他们安排任务时，也要尽量讲清楚，不能让他们认为自己吃了多大亏。

以上五类人，是管理者在执行任务的过程中应重点关注的人群，对于屡教不改者，应坚决予以辞退，不要让他们成为降低团队执行力的害群之马。

◎ 高效执行，贵在认真

山东某企业的总经理是美国海归，在哈佛大学学习了数年商业管理，又在美国的一家企业工作了七年。他最推崇的是"6S 管理法"。

所谓"6S 管理法"，具体内容如下：整理（Seiri），腾出空间，灵活利用，防止误用；整顿（Seiton），创造整整齐齐的工作环境，减少寻找物品的时间；清扫（Seiso），稳定品质，减少工业伤害；清洁（Seiketsu），创造明净的现场，维持上面"3S"的成果；素养（Shitsuke），培养有好习惯、遵守规则的员工，营造团队精神；安全（Security），营造安全生产的环境，所有的工作都在安全的前提下展开。

这位总经理将"6S 管理法"重新整理，每个 S 后面都做了详尽的解释，并且装订成册，下发给员工每人一册，要求熟记。他还让员工定期参加培训。于是，这家企业的员工，即便是做清洁的大姐也能熟练背诵高深的"6S 管理法"。从表面上看，这是一家相当优秀的企业，员工个个服装整齐，办公环境整洁，人们都在忙忙碌碌。但实际上，这家企业只做了表面文章，内部却是腐朽不堪，中高层管理人员贪污腐败，基层管理人员欺上瞒下，员工一点儿责任心都没有。

这位总经理虽然是海归，但他并没有学到管理的精髓，只学到了一些皮毛，他误认为方法记住了，管理就到位了，而没能将"6S管理法"落实到企业中，也没能从实际情况出发去真抓实干。

另有一家公司提出了十分宏大的目标，要发展成为超一流的国际化公司，并且要求公司按照超一流的标准运行。听上去，这位老板似乎很有雄心，他的公司应该发展得不错。但很遗憾地告诉大家，这家企业本来经营得还不错，但是提出发展成为超一流的国际化公司的第四年，公司就撑不下去了，最终被别的公司收购。

为何宏大的目标最后却导致了垮台的结果？原因就是领导者对自己公司的定位不准，也没能认真执行所制订的标准。

首先，公司管理层的配置和所带领的队伍没有执行超一流标准的能力。企业制订的超一流标准，员工怎么努力也达不到，这个标准就如同废纸一样，总不能一下子把所有的员工都开除了。

其次，作为公司的最高管理者，并不清楚超一流和一流、二流、三流甚至末流之间的具体差别在哪里。员工不知道差别就不知道努力的方向，一切目标都是盲目制订的，成功又从何谈起。

第三，公司最高管理者内心不够坚定。如果最高管理者希望公司能大踏步前进，那么最高管理者一定要有足够的魄力，要有坚持到底的决心。

最后，要想打造超一流的企业，必须要有突破点。"火车跑得快，全凭车头带"，突破点就是车头，车头提速了，火车自然就能跑起来。

真正的超一流企业的经营模式要求企业高管层要有"咬定目标不放松"的精神，不断和自己较劲儿，不达目的绝不罢休。但现实中，大部分企业显然缺乏这样一种顽强的、持之以恒的耐力。

一个成功的人，不会只有目标而没有方法。作为企业的管理者，更不能只有目标，必须要有实现目标的方法。

◎ 敬业成为习惯，敬业成就执行

励志大师戴尔·卡耐基说："敬业为立业之本，不敬业者终究一事无成。"

敬业精神是工作的保障，管理者必须要有敬业精神，才能更好地管理企业，提高执行效率。员工也要有敬业精神，才能保质保量地完成本职工作，才可以帮助企业获取最大利益，也才能为自己美好的前途打下坚实的基础。

虽然成功是很多因素叠加的结果，但敬业精神无疑是非常重要的，虽然具有敬业精神不一定能成功，但缺乏敬业精神一定不会成功。敬业能让原本能力一般的员工变得优秀，能让优秀的员工走向卓越，最终走出辉煌的人生。

敬业精神是提高执行力的基础。员工的敬业精神和责任感是提高执行力的内在动力，当员工有了强烈的敬业精神，会对所在企业忠诚，热爱本职工作，心中充满热情，尽职尽责地承担起自己的责任，全心全意投入工作中，发挥出最大的潜力。

任何企业若想做大做强，有一批高度敬业的员工是非常重要的。敬业的员工总能按时、按质、按量完成任务，不管有没有监督都能主动地出色地完成工作，不会找任何借口推卸责任。这是真正的高效的执行力。

但是，员工的敬业精神不是与生俱来的，需要管理者用心培养，点滴灌溉。管理者必须要尽可能消除任何影响员工敬业精神的因素。下面列出影响员工敬业精神的几种常见因素：

第一，管理者自己不敬业

管理者对待工作马马虎虎，不能严格按照企业制度执行，无法为员工起到良好的模范带头的作用，员工也会跟随管理者的步伐，越来越不敬业。

第二，管理者没做到赏罚分明

管理者按照个人好恶而不是员工的敬业程度和成绩来评定员工的价值。管理者认为好的员工，犯了错误也不惩罚；管理者认为不好的员工，工作出色也不奖励。这种做法必定会引起员工的逆反心理，原本敬业的员工因为得不到公正的待遇而心灰意冷，不敬业的员工仰仗管理者的照顾而更加有恃无恐，其他员工因为没有好的学习榜样，也不会敬业。时间长了，所有员工都会毫无敬业精神，企业也将是一盘散沙。

第三，管理者朝令夕改

作为管理者，一定要知道自己下达的命令的重要性，既不能说了不算，也不能朝令夕改。很多管理者注意不到这点，随便更改自己的命令，员工本来热火朝天地开始工作了，因为管理者更改了命令，员工不得不眼睁睁看着自己的努力作废，重新再来。管理者更改命令，一次两次是可以的，毕竟没有人能保证决策一步到位，做些调整是可以理解的。但如果三番五次朝令夕改，就会严重打击员工的工作热情和敬业精神。

第四，管理者严厉高傲

很多管理者因为位高权重而肆意对下属进行批评，批评时又不讲究方法，劈头盖脸，希望从气势上让下属臣服。其实，如果下属犯了错误，心中必定产生内疚感，心中是渴望做得更好以求改正错误，减轻内疚感的。但管理者乱施淫威，反而让下属产生逆反心理，明明知错也不想改了。

员工是企业最小的组成个体，诸多因素都可能会影响员工的工作心态。管理者要适时开导员工，做员工的朋友，而不是以领导的姿态强压员工。

那么，应该怎样提升员工的敬业精神呢？

1.态度决定一切

在企业中，员工如果没有端正的工作态度，就不可能做到敬业。无数事实证明，能够在工作中做出成绩的员工都拥有端正的工作态度，他们努力将工作做到最好，并不断从工作中学习更多的知识和技能，提高自己的能力，以便更好地向上发展。

员工端正态度认真工作，对企业和个人的发展都有很多益处。无论从事什么行业，端正的工作态度永远都是取得成绩的前提。如果员工抱着散漫、马虎等不负责任的工作态度，做事就会随随便便，效率低下，错误百出，这样的员工注定不会有出人头地的机会。

2. 干一行，爱一行

俗话说："不爱岗就会下岗，不敬业就会失业！""干一行，爱一行"是最基本的爱岗敬业行为。员工要努力做好本职工作，努力为自己和企业赢得良好的发展空间。

每一名员工都应该也必须热爱自己的职业，一个连自己所从事的职业都不热爱的人，绝不可能尊重自己行业的人，也不可能尊重其他行业的人。

管理者应告诫员工，一个工作岗位，不仅仅是一个人赖以生存的保障，也是一个人未来发展的基石。员工不能总嫌弃岗位不好，比如：和自己所学专业不对口，和自己的兴趣不相符，工作环境达不到自己的要求，工资待遇不能满足心理预期，等等。作为员工，应该仔细想一想，既是自己喜欢的职业，又能工作环境好、待遇高，在现实中是有的，但那要靠自己的努力去争取，没有哪个人一开始工作就能称心如意的。员工如果想要上升，必须要学习，工作就是最好的学习，任何岗位只要用心做，都会给员工的人生发展添砖加瓦。

只有把职业当成事业，热爱自己工作的人，才会更加努力地去钻研、去努力、去探索，从而不断提高自己的工作能力。唯有那些有高度敬业精神的人，才能成就事业。

3. 企业利益高于私利

既然在一家企业中工作，员工就必须将自己的利益和企业的利益结合起来，不能一心只谋求自己的利益。只有先保障了企业的整体利益，员工才有机会分得个人利益，如果企业的整体利益得不到保证，哪里还会有分给员工的利益呢？！

管理者有责任也有义务让员工明白，员工必须全力以赴保障企业利益。如果一个员工只顾着个人私利，这样的员工是注定没有发展的，因为哪家企业也不愿意给自私自利的员工以学习晋升的机会。

4. 热爱并忠诚于企业

企业和员工的关系是相辅相成的，是彼此的衣食父母。员工为企业创造利润，这时员工是企业的衣食父母；而企业按劳分配，发给员工薪水，这时企业又成了员工的衣食父母。作为相互依靠的双方，企业要为员工负责，而员工也必须要忠诚于企业。员工的忠诚会让企业的管理者感到心安，也愿意更用心地保障员工的利益。如果员工总是三心二意，甚至吃里爬外，对企业没有丝毫忠心，这样的员工只能成为企业中的害群之马，管理者是不能手下留情的，一定要将其清理出去。

5. 增强员工的主人翁意识

很多员工都认为：自己只是老板挣钱的工具，没必要兢兢业业地工作。效益好了是老板赚大钱，自己还是打工的；效益不好，倒霉的是老板，自己可以随时跳槽。这样的员工缺乏主人翁意识，也缺乏敬业精神。作为管理者必须要增强员工的主人翁意识，使员工认识到自己工作不仅仅是为了企业，更重要的是为了自己。放眼看世界上所有成功的企业家，有哪个是不断换了不好的公司甚至是倒闭的公司后，还能取得自己的成功呢？他们都是随着公司的发展而实现自己的发展，经历了几家成功的公司后，最终实现了自己的成功。

敬业是员工走向成功的最宝贵的精神财富，也是企业在激烈的社会竞争中求得生存和发展的坚强支撑。

◎ 精确到位是执行力的终极目标

2008 年 9 月 15 日，美国著名投资银行——雷曼兄弟公司向法院申请破产保护。此消息一经发布，立即引起了全球人士的关注，人们纷纷为雷曼兄弟公司的破产感到惋惜和不可思议，毕竟这是巨人一般的公司。

但更加令人不可思议的事情随即发生了。德国国家发展银行居然在雷曼兄弟公司刚刚申请破产保护之后的两分钟内，通过计算机付款系统向雷曼兄弟公司即将被冻结的银行账户转入了三亿欧元。毫无疑问，这笔钱是有去无回的。

这件事在德国乃至整个欧洲引起了轩然大波，德国社会各界为之震惊。这可是纳税人的钱，而且是三亿欧元巨款，德国国家发展银行竟然做出这样的蠢事，德国政府立即对此事展开调查。

不久，一份关于汇款风波调查的报告浮出水面，这份报告详细记录了与此事相关的所有人员在汇款前十分钟的动向：

结算部自动付款系统操作员特尔斯特·曼罗姆说："经理让我执行转账操作，我必须执行，也无权过问。"

结算部经理布尔克·纽克说："我没有接到停止交易的指令，必须按照原计划转账。"

国际业务部副经理阿什雷曼克·特勒苏的秘书艾尔·斯蒂芬斯说："副经理特勒苏让我关注雷曼兄弟公司的情况，我在第一时间知道了雷曼兄弟公司向法院申请破产保护的消息，立刻跑到副经理办公室，但他没在，我就写了张便笺放在办公桌上，他回来后会看到的。"

国际业务部副经理阿什雷曼克·特勒苏说："我被董事会秘书长博格叫去了，也是商讨雷曼兄弟公司风险评估一事，但临走前我安排了秘书斯蒂芬斯继续关注雷曼兄弟公司的情况。"

国际业务部经理劳施德·格里芬说："我正在和风险评估委员会秘书长梅斯商讨为西班牙国家银行注资的风险事宜，让副经理特勒苏时刻关注雷曼兄弟公司的消息，一有情况立即报告。"

风险评估委员会秘书长艾尔伯·梅斯说："我正在和业务部经理格里芬商讨为西班牙国家银行注资的风险事宜。"

董事会秘书长西提拉克·博格说："我打电话向风险评估委员会秘书长梅斯索要风险评估报告，但他的电话总是占线，按规定上班期间不能打私人电话。我又想找国际业务部经理格里芬想了解雷曼兄弟公司的风险评估状况，但来的是副经理特勒苏，我们只对那时了解的情况做了简单的交流，没有办法向董事会做正式报告。"

董事会主席乌尔里奇·席金勒说："董事会没有得到风险评估报告，无法及时做出正确的决策，只能按照正常流程执行。"

德国国家发展银行首席执行官拉米劳·施罗德说："这笔交易是事先预定的，但在转账之前需要确认，如有异议必须经由董事会开会讨论，才能最终决定是否继续转账或是更改，我没有接到更改通知。"

通过调查报告我们发现，与此事相关的每一个人都没有具体的责任，他们并没有找借口开脱，确实都在忙，都在为银行尽心竭力。但是，他们的尽力没有换来好的结果，让银行白白损失了三亿欧元，原因就在于他们每个人的责任分工不明确，每个人都有很多责任和义务，每个人又不知道自己具体的责任和义务究竟是什么，这才导致了一件事情多人管，最终谁也没能真正管的局面。

执行必须到位，这是世界500强企业公认的理念。如果执行不到位，企业的战略决策无法得到切实施行，企业将偏离原定航线，企业也将无法生存。因为执行不到位，再好的计划也是一纸空文，再好的制度都将形同虚设，甚至会让企业面临毁灭性的灾难。因此，如何让员工执行到位是很多管理者一直致力研究的，但因为方向不够明确，研究的结论并不能很好地解决目前很多企业的员工执行不到位的现象。

其实，员工能否执行到位的关键因素是管理者能否做到有效分工，完完整整地把任务和计划传达给员工，使员工对工作要求有一个清晰的了解。员工在工作时会发现，自己的任务只有自己做，不可能找到帮手，大家都有自己的事情。管理者还应同员工一起分析执行过程中可能出现的问题，及时提出合理化建议，帮助员工切实做好执行工作。

让员工做到执行到位，绝非一时之功，需要管理者长期、不断地进行管理，也需要团队所有成员坚持不懈的努力。但无论如何，作为企业的管理者，都有责任帮助员工提高执行能力。那么管理者需要如何做呢？

1. 培养员工的责任心

责任心是员工基本素质中最核心的一点，缺乏责任心的员工一定没有工作激情，也没有创造激情，对待工作的态度马马虎虎，出工不出力是工作常态，这样的员工是没有任何执行力的。很多管理者面对员工消极怠工的情况，只懂得按照制度强硬行事，这样势必造成人员流动性大，也会轻易流失一些有可塑性的员工。其实解决员工消极怠工最好的办法，就是提高员工的责任心，让员工自发自愿地工作，并且在执行过程中尽心尽力，这样才能执行到位。

2. 做好每一个环节

做好每一个环节是执行到位的标志，所谓到位就是任何一件事都要做到准确无误。环节就是细节，细节做得到不到位可以展现一名员工的素质，也可以展现企业的实力和文化，能将每一个环节都做到完美，执行必然到位。因此，管理者必须培养员工树立精品意识，使员工在工作中养成精益求精的精神，树立高标准、严要求、讲细节的工作作风。

3. 做好最后一步

俗话说："编筐编篓，全在收口。"一件事能否真正做好，除了开端要漂亮、过程要精彩外，结果也要完美。任何事情进行到最后一步时都很容易出问题，人们认为胜利就在眼前，心态立即放松，结果功败垂成！

如果企业的员工做工作都是最后一步做不好，那么这个企业生产的产品一定是不合格的。管理者必须要帮助员工改正习惯性放松最后一步工作的情况，培养员工坚持做好最后一步的正确心态，只要工作没有做完，就不能放松要求。

执行力对于企业而言是一个永恒的主题，而提升员工的执行力，使执行到位，则是管理者的一项艰巨而光荣的使命。

第六章
高效团队的时间管理

时间就是金钱，时间就是效率。团队是否高效，关键看对时间的利用效率如何。而能否最高效地利用时间，核心又在管理者能否在最正确的时间派最适合的员工做最适合的工作。只有将时间、人物、工作三项有机结合，员工才能各尽其才，团队也将实现效率的腾飞。

◎ 凡事预则立

管理者给人的印象总是很忙碌，他们自己也接受这个现实，认为自己身居要职，忙碌很正常。

难道一个企业的领导者真的需要如此忙碌吗？其实并不需要。很多人忙是因为计划不周详，甚至没有计划，对时间不能做出合理的安排，想到什么做什么，来了什么事就解决什么事，没有轻重缓急，也没有三思而行，这必将导致他们效率低下，即使忙到身心疲惫，也只是做了很多无用功。

不可否认，作为企业尤其是大型企业的管理者，每天的工作一定不会轻松，而人的精力是有限的，如何在有限的时间内将工作做到最好，还能最快完成，是管理者必须要掌握的一门技巧。如果能将每天的工作时间做出合理的分配，那么即使工作再繁忙，也依然会安排得井井有条。

当管理者能够正确安排自己的时间了，就会发现，原来自己的工作并不十分忙碌，还会有空余的时间留给自己学习。学习是重要的，也是必要的，能充实头脑，让自己更好地迎接未来更大的挑战。

其实，计划并不仅限于对时间的合理利用，还可以有效地避免危机。危机通常都源自人的疏忽，而疏忽都是因为计划性不强，顾此失彼，以致某些地方被忽略了，危机就从中逐渐孕育而生了。

管理学著名的墨菲定律是这样的：事情如果有变坏的可能，不管这种可能性有多小，它总会发生。这句话告诉我们，做事情必须要有计划性，不能随意而定，不能因为是小事情而忽略。

管理学的奠基人之一亨利·法约尔提出了管理的五大职能：计划、组织、指挥、协调和控制。管理者要想让工作卓有成效，首先必须明确自己的目标，并知道目标是否可行，完成目标所必须的条件及必经的途径，然后为目标制订具体的实施方案。这种旨在明确目标以及相应实施方案的过程，就是管理的计划职能。

凡事预则立，不预则废。任何人做任何事情，想要取得成功，都必须要制订周密的计划，并且按照计划实行。有了计划，那些即将变糟的事情才可能被挽救，那些已经没机会实现的事情或许会柳暗花明。若没有计划，那些已经开始往好的方向发展的事情也可能急转直下，那些原本执行得不错的事情或许会功亏一篑。

做好工作计划一般分作四步：

第一步：将事情分类处理，分轻重、按缓急逐个解决。能力再强的人，也不可能在一团乱麻中将有所的事情都解决清楚，必须要有计划，将事情分类处理，分轻重、按缓急逐个解决。

首先，要把事情做出分类，看看哪些是必须立即解决的，哪些可以缓一缓，哪些可以随着别的事情的解决而一并解决；其次，把工作的日程安排写出来，不能只记在心里，那样的计划是不清晰的，也容易遗忘；第三，在日程表上将已经完成的工作勾掉，既可以做到清晰明了，也能产生自我激励的心理功效；第四，不能事到临头忙不迭，很多管理者是什么事情来了就做什么，抓到什么就做什么，这样是最没有工作效率的；第五，不要在琐碎的事情上投入太多宝贵的时间和精力，每天留出一小部分时间处理必要的杂事就可以了，而大部分杂事是不需要处理或者不用本人亲自处理的；第六，抽出一部分时间列出自己的近期目标，以确定每一件事情都围绕自己的计划进行；

第七，每天工作结束之后将自己的实际工作量与计划工作量进行对比，如果没有完成，第二天就必须要努力；第八，预留一定时间做弹性调节。

　　第二步：计划的内容要科学而详细。计划的内容是计划的实质，做了计划固然是好事，但如果计划的内容不够详细或者不符合现实，那计划也如同废纸，没有可操作性。

　　所谓计划就是对以下四个问题的回答：问题的根源在哪里？解决问题的最快途径是什么？还有其他解决的方法吗？应该具体采取什么方法才能达成目标呢？

　　这四个问题涵盖了各种管理情景，任何管理者都必须经常性地面对这些问题，能否对这些问题做出正确的回答，决定了管理的成败。

　　第三步：计划必须要细化。其实，每个人都会为自己设定目标，但多数人设定的目标都没有具体的操作方法予以实现。比如：我要在三年之内赚50万，五年之内赚200万，十年之内赚2000万，十五年之内……如果仅是这样的计划，有计划和没计划没什么区别。如何实现三年之内赚50万？具体的计划细节是什么？要怎么做？会遇到哪些困难呢？这些问题需要一份详尽的计划予以剖析，然后再付诸行动。虽然计划实施的过程中还会有很多难以预料的困难，但因为步步为营，最终才会克服困难。

　　一个中型企业的老板这样说："我要做一个爱学习的管理者，让企业最快速度强大起来。"我会告诉他，这样的目标往往是无法实现的，因为太笼统了，仅仅是一句口号而已，没有任何可操作性。但如果按照以下要求来细化计划，目标实现的可能性就大大增加了：

　　（1）短期目标要可行。宏大的目标一定是长期的，而短期目标只追求可行。不可行的目标，制订的计划再详细，执行的人再努力也无济于事。

　　（2）目标要具体。"做一个爱学习的管理者"不是一个具体的目标，而"学习更多管理知识"就要具体一些，"读完哪几本管理书籍"又更具体一些，而"在多长时间内读完哪几本管理书籍"就更加具体了。以此类推，必须将目标具体化。

（3）目标要可衡量。衡量也是考核，在考核中再次审视目标的可行性和执行人的执行能力，必要时可根据具体情况，将计划做具体修改。

（4）目标要有时间限制。之所以要制订计划就是为了工作能完成得更顺利、更高效，因此执行一个目标就必须要规定具体时间。

◎ 以位选才，因才定位

商朝开国宰相伊尹奉命修筑黄河通往京城的河道，在工程测绘完毕后，伊尹从全国招募了两万多名壮丁。

一些官员对壮丁进行筛选，发现其中一些人并不符合要求，有的是驼背，有的是独眼，有的是哑巴，有的体弱。官员向伊尹报告，要将这些人剔除，伊尹没有同意，他认为人人都是有作用的，只要放对了地方。

于是，在进行工程建设时，伊尹分派腿脚强健的人拉车，让手臂强壮的人挖掘，让肩膀有力的人背运，让独眼的人去完成具体的测量画线，让驼背的人负责粉刷地面，让聋哑的人负责拿着命令传信，让体弱的人负责做饭……这样两万壮丁都释放出了最大的能量。

伊尹的做法很好地诠释了《墨子·鲁问》中"量体裁衣"这个成语，意即按照人的具体身材定做衣服，引申出的意思是按照人的不同才能安排岗位。正所谓"用人所长，天下无不用之人；用人所短，天下无可用之人"。在选人用才时，就要用人所长、避人所短、量才适用，才能各得其所，不使人才空耗费，也不会让小人得志。

任何企业，其实都不乏人才，而缺乏的是发现人才的慧眼，如同"千里马常有，而伯乐不常有"一样，作为企业的管理者，发现人才，使用人才，激发人才的潜能，永远都是最核心的命题。

很多管理者张口闭口都将企业无法发展的原因归结为员工不够努力，员工没有责任心。其实，如果企业没给员工创造一个可以努力的平台，员工的责任心从何而来，一个人有力使不出，就只能沦为庸才。

管理学中的一句名言是这样说的："垃圾是放错了位置的人才。"管理者将人才用成了垃圾，还返回头诬蔑人才没有努力，这样的管理者是非常不合格的，他们的团队也永远不可能壮大，只能逐渐被淘汰。

管理者的工作重点不是如何监督员工，而是做好员工和岗位的匹配，将员工的才干和企业的岗位需求匹配起来，那样员工才可以发挥出最大潜能，企业也会收获更多。如果管理者不能将员工和岗位匹配好，员工做的事不是自己所擅长的，就难以取得良好的业绩，企业也不能得到好的收获。

管理中能否做到人事相符，很大程度上取决于管理者用人的态度。

管理者在用人方面一定要避免走向下面的误区：

1. 任人唯亲

这是管理者最容易犯的错误，一是人的自我保护意识在作怪，认为自家的亲人一定会忠于自己，岂不知这些亲属往往仰仗同管理者的特殊关系，在企业中胡作非为，不仅自己不能做出业绩，还扰乱其他员工的工作。二是面子问题，毕竟是亲属，管理者不好不照顾，留在自己的公司中，于是害群之马很可能由此诞生了。

2. 论资排辈

这是中国传统中固有的老观念。很多管理者在提拔下属时，往往看重资历，而忽略了能力。他们担心年轻人由于缺乏经验和磨炼而管不住老员工，因此不敢提拔年轻员工。这会大大打击新员工的积极性，同时也会助长老员工的惰性。

3. 只上不下

企业应建立"能者上，平者让，庸者下"这种能上能下的工作机制，及时调整人岗配置，对实践证明不适应、不胜任的干部，要及时调整，给有能力的人才提供施展才华的平台，让企业高效地运转起来。

4. 渠道不畅

有些管理者不能以正确的标准选用人才，常常凭借一件小事或者突发奇想，认为某人可堪大用，锁死了真正的人才向上流动的渠道。公司应规范选人用人程序，增强选人用人透明度、公开度，严格按照选拔任用的原则、条件、方法和程序选拔人才。

一个公司，如果犯了上述的任何一条错误，都会导致人岗难以匹配，人才没有出头的机会，而庸才始终霸占着与自己能力不匹配的位置。这样的公司管理者有何理由去埋怨员工不称职，应该尽快改变自己的作风，及时调整公司的用人标准，为岗位重新选出优秀的人才。只有员工找到了属于自己的位置，公司才会呈现出稳定的人才结构和积极向上的工作氛围。

但真正做到将员工的才干和岗位相匹配并不那么容易，既需要员工脚踏实地去努力，也需要管理者能够真心实意地为人才打开通路。

第一，建立"人事相宜、人岗匹配"的用人机制

建立人才识别与分类的制度，盘活公司和团队现有的人才库，建立公平、公正、公开的人才选拔机制。无论是内部选拔还是外部招聘，都必须按照规范的选拔过程和明确的选拔标准对人才进行甄别。通过岗位实践，对人才进行层级化考核。

第二，进行岗位分析

按照"岗得其人、人适其岗"的原则，将不同才能的员工安排到最合适的岗位上，做到"人尽其才，物尽其用"。但若想"岗得其人、人适其岗"，首先要了解岗位的具体要求，要事先进行岗位分析，才能根据岗位选人才。

所谓岗位分析，是对某项工作，就其相关内容与责任的资料，给予汇集、

研究、分析的程序。岗位分析可解决四个方面的问题：第一，岗位工作性质，企业中各岗位的工作任务和形势，以及执行的具体方法，使用的设备等；第二，岗位职责，工作范围，责任大小，重要程度等；第三，岗位关系，相关岗位之间有何种协作关系，协作内容是什么；第四，岗位要求，每个岗位对员工的具体要求，什么样的人能够胜任这个岗位。

第三，做好员工分析

在了解了岗位的相关特点后，就应该给岗位选择适合的人才了，具体可通过履历分析、纸笔考试、面试交谈、实际操作等步骤完成。管理者必须借助这些途径，来达到真正识别人才的目的。

第四，进行人岗匹配

这是实现"人岗匹配"最关键的一步，前边做了三步铺垫，都是为了能够实现人和岗位的真正匹配，避免浪费人才。在具体的实践中，员工是否适合工作要求会毫无保留地呈现出来，当然情况也各有不同，比如：有的员工是因为暂时的不适应而出现短暂迷茫，这是管理者必须要忍耐的，我们不能要求每名员工的心理素质都很过硬，要给员工适应的时间，当然适应期也不能是无限长的，如果员工经过一段时间的锻炼仍然不能适应，就不能再等待了，要承认人才选用失败，重新再来；有的员工是工作责任心不强，但能力具备，管理者就要通过言传身教和赏罚并用的方式进行劝导，如果员工没有改观，也应果断弃之不用，毕竟员工的能力和价值是由执行力来体现的。

第五，实现人尽其才

实现了上述四点后，管理者必将迎来人尽其才的良好管理局面。"没有平庸的人，只有平庸的管理。"每名员工都有自己的特点和特长，知人善任，让自己的下属去做他们善长的事情，这样才能充分激发他们的工作潜能，实现人才的有效利用。

20世纪80年代，微软公司在软件研发方面处于市场领先地位，但在市场营销方面的成绩并不理想。做不好营销，再好的产品也很难扩大市场份额。微软公司首席执行官比尔·盖茨深知问题的严重性，四处寻找营销人才，最终他将目标锁定为"肥皂大王"尼格拉公司的营销副总裁罗兰德·汉森。汉森对于软件一窍不通，却是市场营销的专家，他在跳槽到微软公司后，被比尔·盖茨任命为营销总监，全权负责微软公司的全球营销事务。

汉森上任伊始就对微软公司的老式营销策略提出了批评，他告诉比尔·盖茨，微软的产品要想得到用户的认可，站稳脚跟，就必须塑造自己的品牌。随后，在汉森的推动下，微软制造的所有产品全部打上了微软的商标，仅仅过了几年，微软就成了全球家喻户晓的首席软件品牌。

在营销打响后，比尔·盖茨又发现了软件研发的人才达伦·西蒙。比尔·盖茨将公司的几个重大研发项目都交给西蒙统一负责，并竭力为西蒙提供良好的工作环境和尽可能大的权限。西蒙的想象力充分释放了出来，研发出众多风靡世界的软件，将微软的竞争对手远远抛在了身后，西蒙也赢得了"微软创收火山"的美誉。

可以看出，微软公司从成立之初的一家默默无闻的小型软件开发公司，在非常短的时间内能发展成为统治全球个人电脑操作系统和提供全方位应用软件的霸主，与比尔·盖茨人尽其才的管理艺术密不可分。

在工作中，"人尽其才、才尽其事、事尽其功"是最理想的管理境界，这样的局面虽不能一蹴而就，却是管理者应致力追求的目标。管理者在选用人才的过程中必须摒弃杂念，真正做到根据岗位职责用人，依素质用人，依能力用人。坚持"让合适的人做合适的事"，从才干的角度出发，不断挖掘人才的优点和长处，使人才的最大优势与岗位相匹配，让人才的潜能得到最大限度的发挥，实现高效率，创造高价值。

◎ 做好目标管理

企业的管理者经常发现这样的问题，员工常常在工作时间做一些与工作无关的事情，比如聊天、看手机、看杂志甚至四处闲逛。总之，除了工作上的事情，其他的事情员工都愿意做。因此，员工经常把本该立即完成的工作向后拖，上午拖下午，下午拖明天，明天拖后天……

对于员工这样的行为，管理者会非常焦急，他们开始时会采取批评的方法，希望员工能够"改邪归正"，但通常情况下员工都是表面认错，过后照旧，一点儿也不会吸取教训。接下来，管理者会采用杀一儆百的方法，开除一个或几个重要员工，希望起到警示作用，但一般来说有效期很短，员工很快就接着我行我素了。

一些管理者见惩罚不奏效，就改变战术采取奖赏的方法，对做得好的员工进行奖励，这招比较有效，员工在金钱的刺激下可以努力工作一段时间，但依然不会很长久，就又恢复原样了。到了这个时候，管理者通常就无计可施了，软硬都不行，恩威都无用。

其实，当员工成为这种样子时，管理者首先应该反省自己，一个员工犯错那是员工的问题，多数员工都消极怠工难道也是员工的问题吗？一定是企业的管理出了问题。员工之所以如此顽强地不好好工作，主要原因是他们缺少清晰明确的目标和动力。没有目标和动力，会让员工养成懒散拖拉的工作习惯。拖拉会给工作造成严重的危害，会像滚雪球一样，拖得越久问题越大，解决起来越难，员工的工作效率只能持续下降。

为什么企业激励员工的方法都以物质奖励加精神激励为主？因为大多数管理者认为实现"两手抓，两手都要硬"就可以让员工热情饱满地工作了。其实，激励员工仅用这两种方法是不够的，还要有目标激励。心理学研究表明，物质奖励能起到短期效应，精神激励有中期作用，而目标奖励具有长期效应。那么，短期、中期、长期效应对员工的激励究竟会有哪些本质的不同呢？我们来举例说明。

当一个人很饿的时候，有一个面包送到他的面前，他会狼吞虎咽地吃掉，连味道都来不及品尝；第二个面包送过来时，他还是有些饿，但不会吃得很快了，会品尝出面包的香甜；第三个面包送过来时，他已经不饿了，但没到饱的程度，便细嚼慢咽地吃掉了，认为面包味道还不错；第四个面包又送过来时，他已经很饱了，但还是硬着头皮吃掉了，这时面包在他的嘴里已经没有香味了；第五个面包送过来的时候，他已经吃得很撑了，真的吃不下了，看着面包就觉得恶心。

面包就相当于物质奖励和精神激励，起初会引起员工巨大的兴趣，让他们得到满足感，但时间久了，员工的满足感就会越来越小，最终荡然无存，员工会认为这些是自己应得的，上级的表扬都是虚假的。

如果管理者采用目标激励的方法，就不会产生上述的情况，因为目标是可调节的，总会有不断的新目标产生，员工完成一个目标，还会有另一个挑战，在完成目标的同时，也完成了对自我的挑战。这是深入员工内心的激励，会让员工产生无穷的动力。

此外，目标激励还可以带给员工明确的方向，这是物质奖励和精神激励所不具备的优势。员工在明确方向的指引下，才会更有动力提高自己的工作能力，才会全身心地投入工作中。所以，及时为员工树立明确的目标，才能更有效地激发员工的工作热情。因此，管理者要不断地给员工树立新的、可以测量的、可以实现的目标，这才是有效的目标管理。

当企业实现目标管理后，员工原本把时间浪费在不重要的事情上的不良习惯就会彻底得到改变。

那么，怎样才能做好目标管理呢？

1. 建立目标分离系统

先将总目标分解为各部门的子目标，再由子目标分解为每名员工的具体目标，这样就成功地将公司的总目标分解到具体个人，还不会将总目标的方向弄错。这通常要求企业内部的所有人员，上到最高管理者，下到普通员工，都必须十分清楚自己每天应该干什么、干多少，目标是什么，做到了会获得什么奖励，做不到会受到什么处罚，这些都必须做出明文规定，不能随意处理，更不能得过且过。

2. 每天结清工作

企业应建立每人每天对自己所从事的每件事情进行清理、检查的控制系统，可分为两种模式，一种是全体员工的自我结清，另一种是在工作场合设立"结清栏"，设立固定管理人员，要求在规定时间内做巡检，对员工自我结清做现场审核，及时处理发现的问题，无论员工做得好坏，都要将事情写在"结清栏"上。

3. 将目标落实到个人

中高层管理者在将目标分解后，不能将目标束之高阁，而要具体落实到每个部门，通过部门再落实到全体人员，将每人每天的工作都交代清楚。

4. 审查目标完成的情况

目标实施后，还要审查每人每天完成目标的情况，并将目标实施过程中遇到的问题总结出来，及时帮助员工解决。

5. 有效的激励手段

企业工资制度必须做到公平、公正、公开，能够公布每名员工的收入，不搞模糊收入，使员工内心清楚，知道自己因何比别人工资低，也知道优秀员工是为什么受到奖励。这样员工就能知道自己和优秀员工的差距，也知道自己的努力方向，每个员工都找到了自身的价值。

古人说："今日事，今日毕"。作为管理者，一定要带动员工养成"今天的工作一定要今天完成，切不可拖到明天"的工作习惯，并对员工每天所做的工作进行全方位的控制和总结，鼓励员工不断提高工作能力。

◎ 将时间划出优先级

西班牙经济学家帕斯托指出："在任何一组事物中，最重要的只占其中一小部分，约20%，而其余的80%虽然是多数，却是次要的。"帕斯托的话告诉我们，作为企业的管理者，每天面临的事情很多，问题也会接连不断地发生，但不是所有的事情都重要，其中一定分轻重缓急，需要管理者自行判断。

判断事情的重要级别是必需的，如果眉毛胡子一把抓，那么重要的事情就会做不好。因此，对于什么事情应该先做，什么事情应该后做，管理者的心中必须要清楚。

重要的事情一定是涉及的因素多，牵动的方面广，给企业带来的危害或机遇大，属于刻不容缓必须要解决的，要求管理者拿出百分之百的精力，全力以赴去面对。最重要的事情解决完了，才可以着手解决次重要的问题。这时你或许会惊喜地发现，原本认为很复杂的次重要的问题，已经变得不重要了或者很容易解决了，这就是凡事抓重点的意外收获。次重要的事情也解决了以后，再去看一大堆的不重要的问题，这时可能已经所剩无几了，它们已经随着最重要的和次重要的问题一并解决掉了。

试想，如果不按照最重要—次重要—不重要这个流程做，先盲目地解决一件看似紧急实则并不重要的事情，从而使重要事情没有解决而使整件事情很难解决。就算这件事情终于解决完了，后面还有排山倒海的问题接踵而来，一个人能有多少精力去逐个面对呢？因此，管理者必须懂得先抓重点，再找次重点。

在联想集团和美国IBM合作以后，联想董事长杨元庆面临的最大压力由过去的国内竞争演变为更加激烈的世界性竞争。

杨元庆经过判断，认为最重要的任务是移动自己的公司重心，毕竟和美国

IBM 合作了，就必须要在美国先打响联想的品牌。于是，他将公司分成了两个核心，一个核心在北京，另一个核心在美国的北卡罗来纳，这叫作双核制度。

随后，杨元庆看到联想内部的一些高层管理者已经落伍了，现在是国际竞争环境，一些管理者连国内竞争都应对得很吃力，怎么能在国际竞争中胜出呢？于是，杨元庆大刀阔斧地开始改革，将一些年纪大观念又守旧的人清理出高层领导岗位，将一些常年位居中层却鲜有进步的人也清理出局，大胆提拔一些年轻有为、有能力、有魄力的年轻人进入公司中高层。这其中的艰辛，不是简单一说就可以带过的，其中的一些人是公司元老，是当年一起"打天下"的，现在联想做大了，他们却要被清理了，自然不会甘心，所以阻力很大。但杨元庆决心已定，即便是反对声浪频起，他也坚持完成了清理。

随后，杨元庆开始解决第三个问题，联想的电脑不再是整体制作完毕后再销售，而是做成半成品，另一半在终端市场进行组装，这叫作契合市场需求。

杨元庆将事情划分出了优先级，从最重要的开始着手，一步步将联想带入了国际市场，占据了重要的一席之地。

◎ 从流程管理的海绵中节省时间

精益化管理是将松散的管理制度进行大幅度整合，让制度更健全，企业目标更清晰，员工工作更高效的管理模式。国外大型公司已经执行了几十年，并且逐步完善。现在，随着国际贸易加速，竞争日趋激烈，精益化管理理念日渐盛行，国内很多企业也开始推行"精益化生产方式"，但多数企业的推行效果都不尽如人意，最终半途而废，又回到老套路的管理方式上去了。

这些国内企业的失误究竟在哪里呢？最主要的原因是不按照流程做事。

"精益化生产方式"其实是对流程的规范，要求企业内部一切人和事都必须严格按照流程做事，在没有极其特殊的情况发生时，即便是企业的开创者、最高管理者，也不可以私自违反流程。

之所以如此重视流程，是因为流程是规范做事的程序，按照流程做事，企业的工作将保持流畅，每个人都各尽其职，保证高效地执行任务。但如果不按流程做事，意外情况便会频发，管理者都变成了救火队员，时时准备处理突发情况，工作自然不会高效。

管理学家埃斯·洛达尔做过一项调查：他先后询问了80名企业管理者，问他们最难和最富挑战性的工作是什么？80%的管理者说"让员工按照要求做事最难"。后来，洛达尔对这些管理者的公司进行了评估后发现，他们之所以觉得"让员工按照要求做事最难"，是因为员工都没能做到按照流程做事，或者说企业的流程没有完善，企业也没有方向感，是在摸着石头过河，走一步算一步。

因此，管理者要在企业中建立完善的流程体系。这需要注意以下四点：

1. 员工是"执行者"而不是"改进者"

企业的管理者要制订出完善的流程供员工执行，并让员工吃透工作流程，这样他们才会完全按企业的要求去做。这样的管理思想，是推行精益化生产方式成功的关键所在。很多企业将员工视为改进者，不断地根据员工的动态来修改流程，最终企业的流程将面目全非，没有任何可执行性。

2. 管理者要做"指挥者"而不是"决策者"

高效团队的成功，涉及方方面面的工作。而一个卓越的管理者是高效团队的灵魂，是团队的指挥者。指挥者可以帮助下属设计"工作路径"，而不是要求下属，严格限制下属，正所谓"黑猫白猫，抓到老鼠就是好猫"，别管下属是怎么抓到的老鼠，只要不违法，不违背道德，不违反企业的规章制度，就是好下属。管理者的思维方式和领导能力直接决定企业的成败得失。因此，管理者如何进行管理，是企业得以良好运转的关键。

3. 实施"科学培训"而不是"师傅带徒弟"

管理者现在带队伍不可以再用师傅带徒弟的方法了，因为师傅带徒弟弊端很多，最大的弊端是师傅的"留一手"策略。俗话讲："教会徒弟，饿死师傅。"于是，很多师傅都喜欢留一手绝活，这样培养出来的徒弟必定一辈不如一辈。

4. 流程是"动态的"而不是"静态的"

流程是一个动态的过程，要随着时代的变化、市场的变化、员工能力的变化做相应的调整。如果一个核心员工的工作内容五年都没有发生任何变化，这不是好事情，只能说明这名员工没有任何进步，企业的流程也没有任何革新。但五年间，竞争的对手很可能已经革新完毕。因此，管理者应当记住这十六字"箴言"：关注流程、优化流程、精简流程、再造流程。

◎ 按目标管理，将工作量化

自从计算机普及后，把企业管理系统化这个梦想就有了实现的平台，企业对一般事务的管理都可以借助计算机完成。很多企业从"办公自动化"开始，逐渐把企业的入、供、销、存用软件平台控制起来，后来又逐步实现"企业资源计划"和"客户关系管理"的计算机管理。这些方法，均可靠计算机实现"量化"，企业也以"量化"的理念进行管理，调整生产经营的策略。

随着时间推移，人在企业经营运作中的作用日益上升，企业对人的管理越来越宽松，越来越人性化，越来越注重充分发挥人的主观能动性。企业中的每个人都有充分的空间和自由度，这样有利于企业管理和经营的创新。这种认识的深入，对于我们打造高效率的企业管理团队，把员工业绩从普通带到优秀，从优秀带到卓越，提供了基础和可能。

当前，优秀企业的目标管理有三种：第一种是企业工作结构分解，需要企业内部人员从上而下地进行目标分解，不能有一个环节留空；第二种是标杆法，不分解自己企业的目标，而是用本行业中最优秀的某个企业的岗位目标直接作为本企业对应岗位的参照目标；第三种是战略方法，具体可分为两类，一类是效益目标，也称为结果类指标，另一类是管理指标，也被称为过程类指标。

通常情况下，三种目标管理方法，第一种最常用。第二种是用最优秀的企业的考核标准，会给员工带来巨大压力。当一个企业生存压力已经解决，要追求长远的发展时，应采用第三种战略方法。

所谓企业工作结构分解，是指把企业的某个任务制成定量指标，分解到每一个地区分公司，地区分公司再将指标分解到所属工厂，工厂还需分解成班组的指标，最终分解成岗位指标。任务分解成岗位指标后，称为"工作包"，工作包是不能再分解的最小业务单元。

把工作分解成最小业务单元是为了防止企业中岗位与岗位之间的互相交叉、重叠、推诿、扯皮的现象发生，这在很多企业中属于常态化现象。之所以会出现这种不好的状况，是因为管理者没有把工作进行有效、科学的分解，造成了任务边界不清，工作效率降低的情况，这不是下属的失误，而是管理者的问题。

但是，企业管理是复杂的，不是依葫芦画瓢就可以做好的，总会有特殊的情况。很多时候，尽管各级管理者已经将工作分解成不能再分解的最小业务单元，但如果一个"工作包"不是由一个人完成，而要涉及好几名员工甚至跨好几个部门时，问题还是容易出现。

生产部经理问甲："我考核你的工作完成率，你怎么没有按时完工呢？"
甲说："我本人并没有拖延，但我去乙那里领材料领了三次才领到，能不耽误吗？"

生产部经理问乙："为什么甲在你这里领了三次材料才领到？"

乙说："是丙采购晚了，与我何干。"

生产部经理问丙："你怎么采购晚了？"

丙说："是财务部的丁没有及时给我拨款。"

生产部经理问丁："你怎么没有及时给丙拨款呢？"

丁说："当时我们账面上没有钱。"

这个案例说明，生产部经理只是考察本部门甲的工作效率，发现了问题，询问甲为何没能按时完工，结果牵连出一大串人和部门——材料部的乙、采购部的丙、财务部的丁，他们都认为自己没有错误，他们也的确没有犯错，因为这件事的症结是管理者的管理不到位造成的，公司账面上根本没有钱，让员工如何执行任务呢！

因此，企业虽然可以将工作分解为最小业务单元的"工作包"，但依然不能高枕无忧，而要做好执行期间的监控，针对每一个步骤，任何一点儿差错都要及时发现，而不要像上述案例中的生产部经理那样，工作都做完了，在考核中才发现问题。本案例涉及的只是一个小问题，完工时间推迟而已，如果是大问题呢？关系到企业的生死存亡呢？如果管理者还是反应慢，企业必将走向衰亡。

第七章

团队的创新与变革

　　创新是团队生存和竞争的基石。任何技术、思维、观念都是随着时代的变迁而变迁的，团队要想顺应时代，走在行业前列，形成强大的竞争力，必须长存创新意识，依靠创新提高效率，依靠创新打造精品。

◎ 架构学习力超强的团队

美国的家庭主妇地位非常高，因为她们要学习的东西很多，不仅仅是居家过日子，还需懂得生活常识、文史知识、培养孩子的知识、动手操作的知识等。一个主妇的学习任务比在外工作的人要重很多，因为主妇们知道，只有让自己强大起来，才能更好地经营家庭生活，孩子们也才会得到更好的发展。

艾琳娜是一位家庭主妇，丈夫在银行工作，她负责照顾三个孩子。在一次插花培训课上，培训师说："想象力 × 形象化 = 现实。"这个公式给了艾琳娜很大的启发，她开始建设自己的梦想档案，并分别在档案中放了六张照片：第一张是婚纱照，第二张是一朵鲜花，第三张是一个女学生的大学毕业照，第四张是一个头戴硕士帽的女士，第五张是某个漂亮岛屿，第六张是一个公司女总裁。

这是艾琳娜的六个梦想，其中第一个已经实现了，第二个正在实现中，下面就要着手实现第三个。从此，艾琳娜利用所有闲暇时间学习，并且报考了哈佛大学商业管理学院，经过不断努力，几次考试后，她终于成为哈佛大学的一员。几年后，艾琳娜不仅从哈佛大学毕业，还成为一名硕士。随后，艾琳娜和全家来到太平洋岛国斐济庆祝。又经过了十几年的奋斗，艾琳娜已经成为一家医疗器械公司的总裁，身家过亿。

艾琳娜的经历告诉我们，人生必须要有梦想，而一切梦想的实现都必须建立在学习的基础上。只有自己投入到学习中去，用知识武装自己，才可以实现梦想。

管理者在架构自己的团队时，也必须考虑到团队的持续学习能力，只有使团队坚持学习，才可以走在创新和变革的前沿，才不会被残酷的商业竞争淘汰。管理者应该像艾琳娜一样，写下自己团队的梦想档案：

第一，团队的未来大方向是什么，具体的短期目标又是什么？

第二，将团队的目标按照"从易到难"的顺序排列。

第三，团队需要有怎样的学习能力，以及期望达到怎样的目标？

第四，为实现目标所需投入的人力和物力大概有多少？

第五，相信通过不折不扣的执行，总有一天奇迹会发生。

要盖一座大厦第一步要干什么？一定是设计图纸，谁见过哪一座大厦没有设计图纸就开始施工的？实现个人目标、团队目标以及国家目标都是同样的道理，都需要设计蓝图，然后通过不断的努力，让蓝图最终变成现实。

日本明治维新时，开始也找不到方向，不知道该如何发展国家。因此，明治天皇决定以开放的眼光看整个世界，"求知识于世界"，以寻求日本的发展。

1871年底，明治天皇以"派遣才智卓越，精通外语，且通晓我国内事务者，前往欧洲诸国及美国调查交际实况，缔结条约及沟通税务规则"为目的，派以右大臣岩仓具视为正使，参议木户孝允、大藏卿大久保利通、工部大辅臣伊藤博文等为副使的规模庞大的政府代表团，先后访问了英国、法国、荷兰、德国、西班牙、意大利、奥匈帝国、俄国、美国等十五个国家，历时近两年，耗费上百万日元。

岩仓具视使节团这次出访是有明确目的的，就是执行明治天皇交代给他们的重要任务：

第一项：借助日本国内政权变更的机会，让岩仓具视使团代表明治天皇同欧美各国联络感情，以加强日本的外交地位。

第二项：向各国政府阐明日本政府的目的，希望依据"万国公法"与欧美各国洽谈并修改过去所签订的不平等条约。

第三项：仔细考察欧美各国的国体和制度，并判断出各国的法律规章是否符合实际的事务处理，并整理出符合日本发展的国体、制度和法律规章。

第四项：认真考察欧美各国的科技生产技术，并尽可能绘制成本册，以便日本政府参考。

经过耗资巨大的考察，日本政府终于找到了学习的蓝图，开始了全面西化的道路。自此，一个闭关锁国已久的东方小国迅速强大起来。

由此可以看出，国家学习，需要蓝图；企业学习，需要蓝图；团队的学习，同样需要蓝图的指引。

蓝图可以告诉我们目前所处的位置，以及我们心中所渴望达到的目标，为我们指引方向。团队学习是非常重要的，上对企业下对个人都好处多多，可以帮助企业实现战略发展，培养所需要的人才，也可以提高员工的工作能力，增强团队的凝聚力。

美孚石油公司的一位高管曾说："在我的职业生涯中，知识就是一盒牛奶，保质期就印在上面，迫使我必须不断补充和更新，我不能让知识的新鲜程度过了保质期，成为无用品。"

这位高管的话很对，知识是具有时效性的，如果不及时更新和补充，最后就会沦为一文不值的废品。现在普遍流行的观点是：在一本大学所学到的知识的保质期最多两年。这还是在相对发展不太快速的行业，若是日新月异的电子产品行业，知识更新换代的周期不会超过半年。如果一名大学毕业生想在职场中博得一席之地，必须不断学习，如果他一年不进行知识的更新，不论是在哪个行业，他的知识的保质期恐怕都会失效，像变了质的牛奶一样毫无价值了。

同理，一个团队的知识保质期也不会长，相反还会更短。因为团队是由若干成员组成的，每名成员都必须共同进步才可以，任何一个人放弃了学习，都会导致团队竞争力下降，这就是管理学中"木桶效应"。一个木桶能盛多少水，取决于木桶最短的那块木板的长度。所以，团队的学习更加重要，只有每名成员都认真努力学习，团队才会越来越强大。

团队有了学习蓝图，员工能够更深入理解学习内容和学习目标之间的关联性，从而制订出自己职业发展的途径。

管理者若想规划好团队的学习蓝图，必须先考虑五个问题：

第一，是否真的对团队的现状感到满意？若满意，哪里满意？若不满意，哪里不满意？

第二，团队的运作状态理想吗？若理想，是什么原因？若不理想，又是什么原因？

第三，团队当前的状态可以改变吗？若可以改变，应该如何改变？若不可能改变，原因是什么？

第四，是出于真心想要改变团队吗？若是真心，动力在哪里？若不真心，原因在哪里？

第五，是否敢为了团队学习而挑战自己？若是敢，动力在哪里？若不敢，原因在哪里？

弄清了上述问题之后，管理者就可以着手进行团队学习蓝图规划了，而最终制订的学习蓝图清晰的团队一定具有五个特性：具体性，可以量化；能衡量，可检查与修正；通过努力，能够达到；合理并且平衡；具有一定的时效性。

◎ 学习力和核心竞争力

"全球第一CEO"杰克·韦尔奇说："最核心的竞争优势是一个组织的学习能力。"

商界的高层管理者都认可这样的观点：企业竞争主要表现为产品和服务的竞争，产品竞争的实质是技术和创新能力的竞争，而技术竞争本质上又是人才的竞争，而人才竞争的背后其实是团队学习力的竞争。

学习力不是被动的，而是主动的；不仅是个人学，更重要的是团队学；不仅要着眼现在，更要思考过去、放眼未来；也不是以企业为依托，而是以整个行业为依托。

企业之所以要加强学习力，是因为人才是有保质期的，某个人或许今天是人才，但不代表他明天还是人才，他今天的竞争力是100分，明天如果不学习或许就会下滑到90分，他就由顶尖人才滑落为高级人才；再不学习竞争力会下滑到80分甚至70分，他也就成为一般员工了；若再不学习，就会下降到及格线以下，成为不合格员工了。

可见，人才必须有很强的学习力作为支撑。每个企业都非常重视专家型员工，因为专家型员工善于学习，不断学习，头脑中永远都是最先进的理念，那是企业最需要的东西。如果将若干个专家级员工组成一个团队，他们就可以形成企业的核心竞争力。

同理，一个企业也必须以学习力为支撑，只有学习力超强的企业，才能真正实现与时俱进，甚至领先整个行业。企业的学习力培养应遵循"大树理论"。就是将企业看作一棵正在旺盛生长的大树，作为企业的管理者，不能只顾着让树长得高大茂盛，更要关注树根处的阴暗角落，看看树根是不是牢固，有没有脱皮烂根的现象，能否吸收到足够的养料。如果发现树根处有异常，就应立即采取措施补救；如果暂时没有异常，也应时刻加以关注。

其实，企业和企业中的人共同组成了这棵大树的枝干和树叶，而学习力就是大树的树根，也是企业的生命之根。学习力是企业的竞争力之源，只有具备超强学习力的企业，才会真正具有竞争力和创造力。因此，管理者一定要精心培育树根，让树根越来越坚固，只有这样，才能让企业这棵大树在以后可能遭遇的种种风浪中屹立不倒。

当然，学习力不是一朝一夕可以培养的，要在长期的工作中一点一滴地积累。作为企业的管理者，可以领导员工从以下四个方面努力：

1. 找寻榜样参照

管理者要找到本行业中最优秀的管理者，结识他们，向他们请教经验。管理者还应帮助员工找到本行业中的佼佼者，为他们树立榜样。

2. 善于接受新知识

管理者要时刻关注行业最新、最前沿的知识，并尽可能去留意业内的相关信息。管理者要带领员工阅读相关书籍、报纸、杂志。通过日积月累，员工就能够逐渐利用所学到的知识和工作中的经验进行创新性发挥，或者成为某一领域的专业人士。

3. 不断提出问题

学习是为了解决疑惑，没有人会在工作中一直没有疑惑，要敢于提出"蠢"问题，并和其他人进行交流，找出答案。如果只是学习，而没有交流，学习得再认真也等于做无用功。

4. 了解企业的优势

每个人有每个人的长处，同理，每个企业也有每个企业的优势。作为企业的管理者，必须知道企业的优势是什么，弱势是什么。弱势要尽力弥补，优势就要尽力发挥，这样企业才能在激烈的竞争中得到快速发展。

◎ 让团队专注于最擅长的领域

很多企业的管理者认为自己是经商的多面手，各行业通吃，只要能赚钱的行业都涉及，一定会财源滚滚来。但事实是这样吗？我们来看一个案例：

董学利经营一家水泥企业，年净利润几百万，日子过得很得意。起初，董学利只想将自己的水泥发展为全国知名品牌，但企业经营到五年时，他开始转变思想，认为单靠一种产品是不可能将企业做大的，而且一旦行业不景气时，企业将面临危机，他决定要再涉足一个领域。他选择的副业是水暖管材，因为都和房地产行业挂钩，经营起来也比较顺手，水暖管材为他带来了可观的利润。

尝到了副业的甜头后，董学利彻底转变了思想，开始涉足更多的副业，短短几年间，他又涉足了木材加工、瓷器制作、玻璃制品、塑料制品、石材买卖等七八个领域。虽然每天忙得不可开交，但董学利内心十分满足，认为自己简直就是商业奇才，能同时经营涉及这么多领域的公司。后来，他又开始谋划着要进军服装市场，还打算进军电子市场。

就在他野心勃勃的时候，石材买卖市场出现了动荡，石材价格波动巨大，相对于那些买卖石头的老手，董学利显得嫩了许多。在生意一帆风顺的时候，大家还愿意帮衬他，但现在出现了危机，大家只顾自保，谁还管交情呢！于是，董学利开始真正自己经营石材，这时他才发现，他原来一窍不通，最终被石材市场淘汰了，这几乎赔掉了一半的资产。

危机产生了。如果董学利能做到壮士断腕，及早舍弃那些副业，专注经营一两个领域，他是有机会翻身的。但董学利认为自己能力非凡，石材市场的失败是个偶然。这时候董学利连锁店式的企业已经很脆弱了，随着后期资金链的断裂，他所有的企业就像多米诺骨牌一样倒下了，连他赖以起家的水泥企业也没能保住。

通过这个案例我们可以看出，企业涉足多个领域有多么大的风险。杰克·韦尔奇在成为通用电气公司的 CEO 之后，看到公司已经奄奄一息了，处在崩溃的边缘。他发现导致通用迅速衰落的原因正是无度的扩张，公司竟然涉足了一百多个领域。其中大多数领域，通用的子公司连配角都算不上，只是个很不起眼的小角色。而这些子公司却耗费了公司大量的人力、物力、财力，以致公司经常拿不出钱来经营最核心的领域。

杰克·韦尔奇当即做出决定，砍掉这些即将要捆死通用的烂手臂。在大刀阔斧的改革下，通用最后只涉足两个领域，其余的子公司被毫不留情地削减了。通用瘦身后，轻松了许多，立即重新开始高速发展，现在又屹立在世界顶级企业之林。

作为管理者必须引领企业专注于最擅长的领域，而不是面面俱到。人没有多少精力，企业也没有多大的优势，即便是再强大的企业，如果涉足的领域过多，也会被拖垮。

那么，为什么很多管理者喜欢带领企业不断闯进新领域呢？

第一，急功近利。俗话说："人为财死，鸟为食亡。"追逐利益的心每个人都有，管理者都想把自己的企业做大，多赚钱，于是便形成了"不管以后怎样，先把钱圈进来"的荒诞思想。其实，只要管理者能专注于一个领域，不管学习、创新、发展，企业一定会得到长足的发展。起初因为是积累期，发展的步伐会慢一些，一旦积累足够时，企业便会腾飞。做企业也需要经历厚积薄发的过程。

第二，定力不够。一些企业的管理者经常看到别的行业正红火，就开始眼红，然后就进入另一个行业了。行业没有好坏贵贱之分，比如：做石油的能成为世界巨富，做商品零售的也可以成为世界首富；做军工产品的企业可以发横财，做民用汽车的同样能纵横天下。因此，管理者只要专注于自己擅长的领域，做最擅长的事，发挥企业的最大优势，就一定可以脱颖而出。

第三，不够自信。一些企业的管理者因为自己原本不从事这个行业，缺乏信心，认为自己不能在这个行业做好，想换其他行业又感觉不甘心，便在患得患失中消耗掉了企业的竞争力。如果管理者真的不适合某一行业，改行是可以的，这是个人的权利，但改行要行动迅速，不能拖泥带水，转到另一个自己擅长的行业中，就要大刀阔斧地干。如果感觉自己还能驾驭目前的行业，就安下心来好好经营，边学习边进步。"世上无难事，只怕有心人"，只要努力就一定能把企业管理好。

第四，建立品牌。很多管理者期望通过涉足诸多行业来展现自己企业的品牌，这是没有用处的。品牌价值需要慢慢积累，只要产品质量过硬，后期服务到位，产品革新能满足市场需求，产品就会得到用户的认可，产品畅销了，品牌自然就建立起来了。如果不顾及客观因素，只想快速打响品牌，只能落得适得其反的结果。

◎ 思维固化是创新与变革的拦路虎

哥伦布发现美洲大陆后，返回了西班牙，受到西班牙国王的接见。国王对哥伦布的功勋做了表彰，封了爵位，赏赐了城堡和金银。很多王公贵族心里不服气，一天在宴会上，一位男爵对哥伦布说："真不明白你到底给国家立下了什么功劳，国王那么认可你，不就是不停地向西航行吗？任何人都可以找到美洲，这不算什么。"

男爵的一番话引起了在场王公贵族的响应，他们的矛头纷纷指向哥伦布。哥伦布知道这是对方在向自己宣战，他必须迎战，还要表现得足够绅士。哥伦布拿起一个鸡蛋，对男爵说："你能让这个鸡蛋立起来吗？前提是不能借助任何工具。"

男爵起初认为不是难事，可他立了很多次也没能使鸡蛋立起来。其余的人纷纷加入进来，都手拿鸡蛋开始比画，一通忙乱后，大家都开始抱怨，说鸡蛋是不可能立起来的。

哥伦布笑了笑说："怎么可能立不起来呢？你们看……"说着，他将鸡蛋的大头在桌子上轻轻敲了一下，鸡蛋的大头破裂了，然后哥伦布稳稳地将鸡蛋立在了桌子上。

那些人看哥伦布这样做，也都跟着做了一遍，然后又都嚷嚷说这很简单，糊弄小孩子的把戏而已。

哥伦布说道："这确实很简单，但你们没有想到，是在我做了以后才学到的。这就和我发现美洲大陆一样，之前你们谁想过可以向西发现新大陆，我想没有人想过，即便有人想过，但你们也没有做。可是我做了，历尽千辛万苦后，我做到了，得到了应有的奖赏，你们却在这里胡说八道地讽刺，是不是很可笑？"

哥伦布一番话说得在场众人哑口无言。

的确，人们总是习惯用惯性思维思考问题，认为有些事情非常难做，或者根本无法做到，于是便放弃了继续思考和实践。当有人打破了常规思维设立的条条框框的束缚，成功找到了其他更好的方法，那些人又说人家的思路很简单，有些不值一提。但是，为什么如此简单的方法，那些人却没有想到呢？显然是被固定的、格式化的思维模式制约了。

工作是创新的舞台，企业需要创新求发展，员工需要创新谋利益。但现实中很多企业的员工都没有创新的意识，也缺少创新的勇气，这不是员工的错，而是企业的管理者没有给员工搭建创新的平台，有些企业管理者甚至不允许员工有创新的机会。管理者之所以会擅自扼杀员工的创新之路，一是因为管理者盲目自信，没有意识到员工创新能给企业带来多大好处；二是怕员工不安心工作，影响了企业的业绩。有这样想法的管理者的思维是狭隘的，他们没有看到集体的力量，而将自己高高凌驾于企业之上，形成了"一言堂"式的管理作风。

因此，企业要想得到良性和快速的发展，无论是管理者还是普通员工都必须打破固有思维。其实，任何工作都不缺少创新点，只要员工能改变思维方式，在每个岗位上都可以发现创新的价值。管理者应促使员工突破固有思维的局限，鼓励他们在自己的岗位上有新的创造与贡献。

管理者帮助员工摆脱思维定式必须做到以下三点：

1. 摆脱权威思维定式

几乎每个企业中都有权威，决策方面有最高管理者，技术方面有专家，在员工的潜意识里，权威成了做事的标尺和风向标。但权威不是每时每刻都正确的，如果他们出了错误，对企业的危害是非常大的。这就要求企业管理者培养员工善于通过非常规思维找到权威的疏漏之处，并有在适当场合反对权威的勇气。

2. 摆脱经验思维定式

不可否认，在工作中依照旧套路和模式去解决问题，有时也能很轻松地把问题解决。但经验是把双刃剑，既是宝贵的财富，也容易让人们陷入经验之中无法自拔，形成牢固的旧思维模式，最终变成阻碍创新发展的强大阻力。很多老员工就是在经验形成后，被已有的知识和习惯束缚，在处理某些问题时往往会困在原有的条条框框中，扼杀了自己的创新能力。因此，管理者在要求员工不断改进已有的工作方法和经验的同时，还应鼓励员工在工作中尝试新方法。

3. 摆脱后果思维定式

很多管理者和员工一样，养成了一成不变的思维和行为模式，认为企业想要发展只能慢慢来，心急吃不了热豆腐。于是，即使有千载难逢的发展良机放在眼前，他们也不敢抓，怕逾越常规一旦失误会带来严重的后果。但每家大型企业的发展和长存都证明，发展是从创新开始的，创新是从突破固定思维开始的。如果企业的管理者一直在固有思维里打转，注定只能把企业引向死胡同。因此，打破固有思维必须从管理者开始，管理者要充分发挥主动性和积极性，带动员工打破固有思维，在工作中通过创新为企业增强活力，帮助企业快速发展。

◎ 逆向思维能力决定团队的创新效果

爱因斯坦的相对论告诉我们，一切事物都是相对的，也就是说凡事都有正反两面性。要想全面看清某个事物，就必须看全事物的正反两面，然后再进行深入思考，这样看到的事物不是平面的，而是立体的，每个棱角，每个隐藏的角落都会暴露无遗。

但现实中很多人认识事物的过程都是片面的，只看一面，这是人的惯性思维导致的。人们经常以一种方式思考问题，看到任何事物都无法跳出惯性思维的束缚。因此，抛弃惯性思维是非常有必要的，只有学会逆向思考问题，才能得出不一样的结论，才能做到真正的创新。

逆向思考来自于逆向思维，逆向思维指的是使用与正常思路相反的思维方式去分析同一个问题，使思路多样化，让解决问题的方法丰富化，并从中找到最适合的方法。逆向思维能够帮助人们冲破传统思维的束缚，克服惯性思维定式。从反方向考虑问题往往会事半功倍，取得出人意料的结果。

有着"数学王子"之称的德国数学家高斯，从小就具有异于常人的思维方式，他喜欢思考，经常从正反两个方面思考问题。逐渐地，他的逆向思维能力得到了充分开发，每次解决问题，他总能最快速地找到最容易的解决方法。

高斯上小学四年级时，老师在课堂上出了一道题，让孩子们算出从 1 到

100 的所有整数相加的和值。这道题就是普通的加法运算，对于四年级的孩子们来说运算不是难题，只是很麻烦，一百个整数啊！孩子们飞快地在草纸上运算起来。

高斯没有立即开始运算，他看着黑板，仿佛在思考什么。突然，高斯的眼中闪出了光辉，他低下头在纸上简单算了几下，便举手告诉老师他已经有了答案。老师很惊讶，他不相信高斯会在这么短的时间内算完这道题。当看到高斯的答案是 5050 时，老师更加激动了，问高斯是如何计算出来的。

高斯说："我并不是按顺序依次相加的，那样太慢了。我发现 1 和 100 相加等于 101，2 和 99 相加等于 101，3 和 98 相加等于 101，以此类推，最后一组数字 50 和 51 相加也等于 101 ，这样题目就演变成了 50 个 101 相乘，结果就是 5050。"

高斯非常聪明，他没有盲目开始计算，而是先静下心来思考，并且没有按照常规思维进行思考，而是寻找到了别的方法。很多科学家都是运用逆向思维的高手。

逆向思维可以运用到科学上，也可以运用到军事、政治、商业等各种领域。而且不可否认，逆向思维是发现问题、分析问题和解决问题的重要手段，能够最大限度地帮助人们克服思维定式，是决策的重要方式。作为企业的管理者，有责任对员工进行逆向思维培训，在工作中引导员工用逆向思维进行思考，解决工作中出现的难题。

同时，逆向思维也是创新思维的一个重要方面。员工在工作中运用逆向思维可以使工作不受常识和常规的束缚，从而产生出人意料的创意，这些创意往往会成为企业创新的源泉。

丰田汽车公司的创始人丰田喜一郎很善于逆向思考，他的下属曾这样评价他："老头子总是喜欢反过来想问题。每次跟他交流，也必须反过来看问题，这虽然让人感觉有些累，但每次都有不小的收获。"

那时候，汽车生产厂家一条生产线只能生产一种型号的零部件，丰田喜一郎希望一条生产线能生产多种型号的零部件。他召集公司管理层开会，要求生产部门着力解决这个问题，生产部主任为难地说："怎么可能一条生产线生产多个型号呢？不现实啊！就算是努力去实现，技术上的难题也太多了。最突出的问题是模具的卡槽型号怎样做到随意调节？这太难了！"

丰田喜一郎说："你不要总盯着生产一种型号的生产线如何向生产多个型号的生产线过度，为什么不倒过来想一想？看看生产多个型号的生产线和生产一个型号的生产线有什么技术上的区别，找出最佳契合点，再对原生产线进行改造。"

生产部主任照做了，果然发现原本觉得难于上青天的工作，其实并不太难，只需要改动几项技术就可以做到。没过多久，丰田汽车公司的一条生产线就生产出了多种型号的汽车零部件。这样一来，生产线的灵活性被发挥到了最大，提高了效率，节约了成本。

创新是企业生存的命脉，没有了创新，企业一定会被淘汰。而创新不能只是依赖企业中的某个部门，而是要全体员工共同参与进来，因此，提高员工的创新能力是管理者必须要做好的事情，而创新能力的源泉就来自于逆向思维。

管理者若能做到下面两点，员工的逆向思维能力将不断提高：

1. 鼓励员工反其道而行之

现代企业的管理者总有一个认识误区，怕员工特立独行，都竭力让员工听话。看到员工都老老实实地工作，管理者会感到满意，认为自己的管理非常有效。其实，如果一个企业的员工都变成了温顺的绵羊，这个企业就如同一潭死水，别说有创造力的浪花，连一点儿涟漪都不会激起。是员工不喜欢思考吗？当然不是，是管理者将员工的思考能力扼杀了，他们不允许员工有另类的想法。

这是非常愚蠢的管理方式。聪明的管理者应该鼓励员工有自己的想法，即便想法不着边际，天马行空，也要让员工敢于去想，并且能够表达出来。要知道，世界上任何一项伟大发明，几乎都源自发明家天马行空的想法。

古印度孔雀王朝有一位国王，一天突发奇想对大臣们说："谁能让我从王座上走下去，便可得到重赏。"

群臣们立即开动脑筋，有的说有外敌入侵，有的说王后有急事，有的竟然说王宫失火……理由编了很多，国王依旧坐在王座上，纹丝不动。

一位殿前的士兵跪倒在地，说自己有一种功夫，能让人在地面上一步不迈，就能前往很远的地方。国王和大臣们都很惊讶，宰相说："你一个小卒胡说什么？还不退下！"

国王制止了宰相，站起身来，走到士兵面前问："你真有这样的功夫吗？"

士兵说："我欺骗了大王，我没有这种功夫，但大王您已经走下了王座。"

国王这才恍然大悟，对这名士兵大加赞赏，给他赏赐了金银珠宝，还加封了官职。

这位士兵敢于反其道而行之，轻而易举地达到了目的。国王没有因为受骗而生气，而是鼓励士兵的做法。

员工在工作中如果能够反其道而行，说明他具备勇于突破自我的创新精神和大胆的逆向思维。当然，有些时候员工会盲目自信或者自负，管理者也不能批评，首先应当鼓励，再进行引导，让员工改正错误，保留优点。

2. 不进反退

这里说的"不进反退"不是忍让，而是有方法地进行反击，但反击的策略不是步步逼近而是先退后进。很多时候，一往无前会受到阻力，暂时的退让却能换来更大的前进空间。管理者在培养员工的逆向思维时，也要让员工懂得以退为进的艺术。

斯图尔特已经 70 岁了，年老体弱，独自居住在一栋二层小楼里。生活原本很安静，但最近来了几个男孩子，没事就来踢堆放在斯图尔特家墙外的一些铁皮桶，一踢就三四个小时。起初的半个月，斯图尔特进行劝阻，不料不但没有作用，男孩们反而变本加厉了。

有一天，斯图尔特又找到男孩们，微笑着说："看到你们玩得很开心，我也觉得开心了，我现在很喜欢听你们踢铁皮桶的声音。以后只要你们每天来踢 4 个小时，我就给你们每人 10 个便士。"

男孩们听了很高兴，第二天一早就来了，踢完 4 个小时，就找斯图尔特要钱。斯图尔特表扬了他们，付了钱。

一周过去了，男孩们每天都来踢，斯图尔特也按照约定付钱。一天，斯图尔特对男孩们说："我以后不能给你们每人 10 便士了，只能给 5 便士，因为我的生活也不容易。但你们只需要每天踢两个小时就可以。"

男孩们虽然有点失落，但还是答应了，此后每天来踢两个小时。又过了一周，斯图尔特对男孩们说："我的生活越来越困难了，5 个便士也不能再付了，只能减少为每人 1 个便士，但你们只需要来踢半个小时就可以。"

男孩们很不高兴，但觉得交易还可以接受，毕竟就半个小时，还是同意了。但仅过了两天，斯图尔特连 1 个便士也不想付了，他恳请男孩们能在没有钱的情况下继续来踢。男孩们当然不会买账，头也不回地离开了。

从此，斯图尔特又过上了安静的生活。

员工在企业中不是独立的，需要和同事打交道，彼此间很可能会有利益的摩擦。如果员工只知道争强好胜，不仅会给自己带来麻烦，也会给企业带来损失。管理者必须帮助员工掌握以退为进的方略，克服工作中的种种障碍。

总之，逆向思维在企业管理和经营活动中的创新作用十分显著，能够给企业带来新观念、新思路、新的管理方法，能够开拓企业的新局面。企业管理者应把培养员工的逆向思维作为培养员工创新精神的重要组成部分。

◎ 负面情绪会遮蔽所有灵感

1995 年，剑桥大学商学院进行了一项关于员工"工作热情"的调查，调查显示：仅有不到 2% 的被调查者能够一直保持工作热情，而 43% 的被调查者在接触一项工作一年后就会失去热情，26% 的被调查者在熟悉工作一年后会逐渐失去热情，其余 29% 的被调查者就从来没有过工作热情。

这项调查显示的问题很值得人们深思，同时也让一些大型企业的管理者感觉到了压力，难道他们引以为豪的员工其实只有极少数才称得上合格，其余的都只是为了完成工作而工作的？这些管理者都很清楚，如果员工对工作没有热情是不会生产出好的产品的，也会阻碍企业的创新发展。

那么，为什么员工的工作热情如此低呢？是什么"扼杀"了员工的工作热情呢？剑桥大学商学院对此做了专项研究，发现扼杀员工工作热情的就是员工心中的负面情绪。负面情绪是相对正面情绪而言的，正面情绪诸如：高兴、愉快、兴奋、阳光、上进、果敢等，是能给自己和他人带来正能量的情绪。负面情绪则如：沮丧、悲伤、抱怨、堕落、懒惰、犹豫等，是能给自己和他人带来负能量的情绪。正能量可以激励一个人，负能量只能耽误一个人。

剑桥大学商学院将影响员工工作热情的负面情绪概括为：

1. 惰性心理

每个人或多或少都有惰性心理，表现在行为上主要是懒惰、闲散、怠慢、游手好闲。有的人看到了惰性的危害，尽力控制，而有些人却任由惰性侵害自己的志向，导致最终一事无成。

惰性心理会抑制人内心的热情。被惰性心理控制的人喜欢夸夸其谈，好高骛远，但真正做起事情，不是嫌事情复杂，就是嫌事情麻烦，毫无执行力。这类人是没有希望的，因为没有任何一项工作是容易的，没有任何成功能够一蹴而就。

2. 抱怨不断

抱怨是意志消沉的开始，是失败的借口，是逃避责任的理由，是消极逃避工作的体现。现实中有很多才华横溢的员工表现不出应有的能力，原因就是他们喜欢抱怨，认为企业用人不当，感觉自己被大材小用，于是心生抱怨，不愿意全力以赴，工作起来无精打采。

3. 消极情绪

消极是工作热情的大敌，是人不自信的表现。消极的人容易悲观，他们不相信自己能取得成功，不相信凭借努力能创造出美好的未来。消极的员工遇事往往会退却，而不是勇敢前进，更不敢去主动尝试。

4. 熟练后的麻木

很多人在刚开始接触一项工作时，内心往往都很兴奋，会很认真地工作。但随着工作越来越熟练，工作的热情也逐渐减少。当工作已经完全熟悉后，工作热情或许也已经降到了零。这时的员工，每天的工作只是为了完成任务，从内而外陷入麻木状态中。

这四种情形不是孤立的，而是相关联的。一般来说，员工有了其中一种情形，其他情形便会接踵而至，所以管理者必须在发现苗头后尽早处理。

下面列举四种可以帮助管理者保持员工工作热情的方法：

第一，大力治懒

一些员工积极进取的意识不强，对工作研究不到位，对问题思考不深入，自己担负的工作迟迟不能完成。管理者要引导员工树立"用心做事"的精神，让员工主动用心工作，勤奋工作，和懒惰说再见，确保时刻拥有良好的工作状态。

第二，严防拖延

一些员工总是会把自己的工作一拖再拖，工作没有效率，对自己和企业都不负责任。另有一些员工拖延是因为被工作的复杂性吓倒，认为自己不能胜任又不提出来，便拖起来，最终让企业蒙受损失。管理者应该及时发现员工拖延的苗头，告诉他们有了问题拖延不是好办法，因为拖延是不能解决问题的，只能越拖越糟糕。因此，管理者要强化效率意识，大力提倡"今日事，今日毕"的工作理念。培养员工"干今天活，想明天事"的良好习惯，让员工形成时不我待、只争朝夕的工作作风，保证各项工作的顺利开展。

第三，拒绝马虎

从事重复性的工作，很容易让员工丧失激情。这种现象的背后，是员工内心觉得自身价值得不到实现，而自己不断地重复做小事情，只能埋没了才华。管理者要告诉员工，那些真正成功的职业人士，即使是对最简单的工作也能以最认真的态度对待，只有做好了手头"看似简单"的工作，才能在日后做好更重要的工作。

第四，分享成绩

正常情况下，任何工作做好了都能给从事的人带来荣誉感和成就感。比如我国老一辈劳动模范时传祥，他只是个挑粪工，但他敬业爱岗，赢得了人们的爱戴，被评为全国劳动模范，受到了时任党和国家领导人的刘少奇的接见，刘少奇还亲切地同时传祥握手。相信这不仅是对全国挑粪工的激励，也是对广大工人的激励，只要自己做好了，也可以得到相应的荣誉。

但得到荣誉的前提，是必须充满热情地工作，如果没有很好地完成工作，是不可能得到荣誉的。荣誉感是工作激情的催化剂，能够使人焕发出超凡的激情和动力。因此，员工真的配得上荣誉和奖励时，管理者一定要及时给予表彰和奖励，不能冷却了员工的工作热情。

◎ 愿景是团队动力的方向舵

斯巴达克出生于巴尔干半岛东北部的色雷斯，罗马军队侵入希腊时，他被俘虏，成为角斗士奴隶，送到卡普亚城的一所角斗士学校训练。因为不堪忍受罗马人的欺压，斯巴达克和同伴克雷斯、奥梅尼奥斯在角斗士学校的厨房发起暴动，后来逃到维苏威火山上发动起义。起义队伍很快由七十余名角斗士发展到十余万人。

斯巴达克率领起义军多次战胜强大的罗马军队。后来，罗马大将克拉苏率军四面围剿，终于在阿普里亚决战中将起义军击败，斯巴达克战死。但起义军余部仍在意大利许多地区坚持战斗达十年之久。

斯巴达克的反抗精神被后世所敬仰，好莱坞还拍摄了电影《斯巴达克》，以此纪念这位英雄。电影中有这样一个场景：

阿普里亚决战后，罗马人并不知道斯巴达克已经战死，认为他逃走或者被俘了，克拉苏便对被俘的几千名起义士兵说："你们曾经是奴隶，将来也只能是奴隶。但伟大的罗马军队慈悲为怀，只要你们能把斯巴达克交出来，就不会受到钉死在十字架上的酷刑。"

全场的起义士兵鸦雀无声，克拉苏愤怒了，他下令要钉死这些俘虏。这时，一名斯巴达克的士兵站起来说："我是斯巴达克。"

还没等克拉苏反应过来，另一名被俘士兵也站起来，大声说："我才是斯巴达克。"

紧接着又有一名士兵站起来，高声说："不，我才是斯巴达克。"

最后，每一名士兵都站起来说自己是斯巴达克。克拉苏愤怒了，可以想象这些士兵的命运，但他们自始至终没有退缩。

故事中的每一个人都义无反顾地选择了受死，如果你认为他们是忠于斯巴达克，不是不对，毕竟是斯巴达克带领他们走上了反抗的道路。但斯巴达克已经战死了，他们要效忠的人不在了，他们却依然如此坚定，这就不是简单的忠诚所能解释的了。其实，这些士兵忠诚的是斯巴达克给他们创造出的愿景——有朝一日彻底打败罗马帝国，获得自由身，正是这个愿景才让这些士兵甘愿为之献身。

做企业、带团队同样也要有愿景，否则企业就缺乏凝聚力与持久的战斗力。因此，世界上所有知名的企业都制定了符合各自发展规律的企业愿景，比如：成为全球食品服务业一流公司——麦当劳；成为全球最著名的超级娱乐公司——迪斯尼；让全世界每个人都使用自己品牌的计算机——微软公司……

愿景是企业的方向舵，指引着企业前进的方向。通过建立愿景，能够让企业的方向更加明确，员工努力的动力更加持久，也能让每个员工勇于正视自己的不足之处，能够激发企业的学习力和创造力。

不能将愿景与信仰和追求混淆。企业和个人都可以有信仰，信仰是永恒不变的，是不可更改的。企业和个人也都可以有追求，追求是短期效应，是可以随时调整的。愿景介于信仰和追求之间，没有信仰那样坚定，也不像追求那样易变，愿景更像是理想，既需要坚定不移，也需要做出微调。愿景不是一朝一夕就能达成的，需要管理者和员工共同努力。

作为管理者，建立企业愿景需要做到下面两点：

第一，按企业内部不同的阶层拆分愿景。企业中不同位置的人，因为面临的问题不同，所担负的职责不同，对愿景的理解一定存在差异，比如：企业最高管理者一心期望企业能做大做强；各部门管理者希望自己所领导的部门能实现突破；员工希望自己分得的利益能更多一些。因此，企业的管理者在建立愿景时，应该将各阶层的下属拆分开，为企业建立总体愿景，再具体为高层管理者、中层管理者、基层管理者和员工的具体愿景。各阶层的愿景，一定不能和企业的总体愿景矛盾。企业总体愿景实现后，各阶层的具体愿景也将随之实现。

第二，按不同阶段拆分愿景。企业愿景是相对长远宏伟的目标，虽然目标远大，但不利于员工执行具体工作，相反员工或许会因为目标过于长远而产生厌烦心理而不愿意努力工作了。因此，为了让员工感觉到目标的可实现性，看到目标达成的希望，就需要对目标进行阶段性分解，将一个大目标拆分为若干个小目标，在不同的阶段去逐步实现不同的目标。

第八章
团队危机的紧急处理

任何团队都会遭遇危机，这是无法规避的事情。防范危机考验团队的预警机制；处理危机考验团队的凝聚力和团队管理者的应变能力；而从危机中寻找机会，检验团队的综合能力。卓越的团队懂得防范危机，不惧怕危机，能及时处理危机，能抓住危机中的机遇。

◎ 长存危机意识

一只南美洲亚马孙热带雨林中的蝴蝶扇动几下翅膀，可能会引发一场侵袭美国得克萨斯州的飓风。这就是"蝴蝶效应"，它指的是在一个动力系统中，初始微小的变化能带来整个系统长期而巨大的连锁反应。

"蝴蝶效应"通常被人们引入到管理学中，用来告诫管理者，不要放过一点儿轻微的变化，因为任何微小变化的后面都极可能隐藏着巨大的隐患，如果不及时发现并且处理，致命的危机在条件成熟后一定会爆发。

《伊索寓言》中有这样一则故事：

一只野猪在森林里不停地忙活，一会儿练习奔跑，一会儿对着树干磨獠牙。一只狐狸悠闲地躺在树荫底下，问野猪："你这是干什么呀？又没有猎人来，躺下来歇一会儿多好。"

野猪气喘吁吁地说："现在不练，等猎人来了就晚了，我看你到时候就跑不了。"

狐狸当然不会听，还嘲笑野猪杞人忧天。几天后，一位经验丰富的猎人来到森林里，野猪机警地发现了，然后赶快逃之夭夭，狐狸则被猎人活捉了。

寓言虽然是虚构的，却给了我们很深的启示：必须时刻保持危机意识，无论是个人还是企业。

作为企业的管理者，是否考虑过，你的公司有一天可能会销售额下滑、利润下滑甚至破产？不要觉得这是在危言耸听，当一个企业太平的时间长了，和平发展时期升的官太多了，就等于埋下了灾难的伏笔。如果管理者不能保持警醒，不能经常性地思考这些问题，而是带领下属盲目自信、盲目乐观，不能居安思危，灾难一定会到来。

因此，如果管理者没有危机感，必然会滋生骄傲情绪，会乐观地认为企业已经走上了良性发展的轨道，以后只要一切按照常规执行就可以了。然而，在无限度的乐观中往往潜藏着失败。如果员工一直沉溺于过去的辉煌，没有丝毫的危机感，时间一长，就会被习惯性思维所控制，从而失去竞争力，被对手超越，被市场淘汰。所以，作为一名管理者，培养员工的危机意识是十分必要的。有了强烈的危机意识，才能使团队团结起来，形成强大的合力。

哈佛大学商学院教授理查德·帕斯卡尔说："21世纪，没有危机感是最大的危机。"

微软首席执行官比尔·盖茨危机意识十足，他说："微软离破产永远只有18个月。"

联想前董事长柳传志认为："你一打盹儿，对手的机会就来了。"

百度公司董事长兼首席执行官李彦宏说："别看我们现在是第一，如果你停止工作一个月，这个公司就完了。"

华为技术有限公司总裁任正非曾说："十年来我天天思考的都是失败，对成功视而不见，也没什么荣誉感、自豪感，而只有危机感。也许就是这样才存活了十年。我们大家要一起来想，怎样才能活下去，才能活得久一些。失败这一天一定会到来，大家要准备迎接，这是我从不动摇的看法，这是历史规律。"

在企业发展的过程中，危机是不可避免的，但企业管理者若是能未雨绸缪，就会大大降低危机发生的概率，也能给员工警示的作用。

波音公司以制造飞机闻名于世。为了提高员工的危机意识，一次公司别出心裁地摄制了一部模拟倒闭的宣传片让员工看：

在一个天色灰暗的日子，众多的工人垂头丧气地拖着沉重的脚步，鱼贯而出，离开了工作多年的飞机制造厂。厂房上面挂着一块"厂房出售"的牌子，扩音器中传出声音："今天是波音时代的终结，波音公司关闭了最后一个车间……"

这个宣传片在员工中产生了巨大的震撼效果，强烈的危机意识使员工们意识到：只有全身心地投入生产和创新，公司才能生存，否则，今天的模拟倒闭将成为明天无法避免的事实。

这个例子证明，企业管理者让危机意识常驻企业之中，并在企业内部产生一种紧张感和危机感，这样员工会更加努力地工作，积极地为企业的振兴出谋划策。

所谓"生于忧患，死于安乐"，在危机的压力下，企业中的各级人员会充分调动起工作的积极性，也能将创新能力发挥到极致。危机意识是企业发展的原动力，是企业革新的催化剂。

危机意识的形成一定和学习相关联。员工只有不断地学习，才会从中看到自身与他人的差距，从而觉得危机重重，逼迫自己要不断学习，不断挑战。挑战越多—压力越大—挑战越多—压力越大，认识到这个循环的管理者，一定是善于学习的，也善于培养下属的学习能力，进而让下属都形成危机意识。

巴尔扎克说："一个商人不想到破产，如同一个将军永远不准备吃败仗，只能算'半个商人'，是不成功的商人。"那么，怎样才能成为"一个商人"呢？巴尔扎克给出的答案是"要想到破产"。只有在危机发生前做好了充分的准备，对各种可能发生的危机了如指掌，才能从容不迫地应变，游刃有余地解决危机。

◎ 能看到第一块被打碎的玻璃吗

美国政治学家威尔逊和犯罪学家凯林提出了有名的"破窗理论"：如果有人打破了一幢楼房的一块窗户玻璃，而这扇窗户又得不到及时的维修，别人就可能受到暗示性的纵容去打破更多的窗户玻璃。久而久之，这些破窗户就给人造成一种无序的感觉。在这种无序的氛围中，犯罪就会滋生和蔓延。

"破窗理论"在企业管理中给我们的启示是：领导者必须高度警觉那些轻微的、看起来不起眼的"小危机"，不及时修补好"第一块被打破的玻璃"，就可能会带来无法挽回的损失。企业每天都在面对着新的变化，每天都有可能出现新的危机，如果不能及时将危机消灭在萌芽状态，就会引发更大的危机。

海尔的"小小神童"洗衣机在上海卖得火热之际，一位上海客户在触摸洗衣机进水孔时，小拇指被"毛刺"划伤了。这位用户立即将此事报给了媒体，尽管他对海尔公司十分钦佩，甚至在对产品提意见时，仍然有95%的篇幅是赞扬海尔的话。但是这位客户的投诉文章的标题耐人寻味："海尔怕什么？"

海尔总裁张瑞敏在看到这篇报道之后，心里沉甸甸的，因为他意识到这个小小毛刺，刺伤的不是用户的手指，而是用户对海尔的信任。于是，《海尔人》报在头版连续三期发表文章，进行讨论，题为《我们怕什么》，文章说："海尔面对国内外强劲的竞争对手，可是从未怕过！那么海尔怕什么？我们唯一害怕的只有我们自己！我们周围有看得见的毛刺，还有我们看不到的毛刺，但是最可怕的是我们思想上的毛刺！"

2000年，在集团高级管理人员OEC浮动培训会上，张瑞敏又想起了"毛刺"事件，他意味深长地对管理人员说："其实当你的产品受到市场欢迎的时候，就说明你很快要被别人超越了，而且别人怎样超越你，你永远也不会知道。既然如此，从产品出来的那天起，你就只有自己否定自己，再开发一个更新更好的产品，永远战战兢兢，永远如履薄冰。例如我们遇到的'毛刺'事件，我们不可能去打官司，那太耗费精力了。我们能做的就是吸取教训，向用户赔礼道歉，该赔偿的就赔偿。然后很快推出'小小神通'第二代、第三代。技术含量的高低应该由消费者来评定，消费者都来购买你的产品，那么你的技术含量就是受到了肯定。消费者不认可，技术含量再高也是没有用的。"

　　企业管理如同登山，所到达的位置越高，危险当然就越大。一旦失手，就会万劫不复。但管理者也不能因为风险大而退避三舍，那样只能未战先败。管理者一要积极进取，二要非常慎重。

　　中国有句古话："千里之堤，溃于蚁穴。"小小的过错可能会带来极为严重的后果。当危机发生时，管理者要冷静处理，迅速行动，研究出多个解决方案，然后在这几个方案中选取风险最小和收益最高的一个，果断地实施，及时修补好"第一块被打破的玻璃"，这才是管理者高情商的表现。

◎ 当机立断地做出决策能稳定人心

　　《聊斋志异》中有这样一则故事：

　　两个牧童进入深山之中，因为迷路，误入狼窝，发现母狼不在，只有两只小狼崽。两个牧童各抱一只狼崽爬上两棵大树，两树相距数十步。

　　过了一会儿，母狼回来了，进窝里发现幼崽不见了，急忙寻找。一个牧童在树上狠掐小狼的耳朵，小狼疼得厉声嗷叫，母狼抬头看树，发现幼崽被人抱上了树，气得在树下乱抓乱咬，并愤怒地想上树营救幼崽。此时，另一棵树上的牧童狠拧另一只小狼的腿，这只小狼也疼得连声嗷叫，母狼闻声赶去，发现另一个幼崽也被人抱上了树。

母狼更加愤怒，想要上树营救，但先前的牧童又狠掐小狼的耳朵，小狼又疼痛号叫。母狼闻声只得放弃这只幼崽，来到第一只幼崽的树下，刚要上树，另一个牧童再次狠拧小狼的腿，小狼又疼痛号叫，母狼闻声再次回来。

就这样，母狼不停地奔波于两棵树之间，直至累得气绝身亡，也没救下一只狼崽。

故事中母狼之所以累死，原因就在于它企图同时救回两只幼崽，不懂得取舍。实际上，只要母狼能守住其中一棵树，至少能救回一只。

这虽然是一则故事，但也反映了一些现状，很多人面临事情时，瞻前顾后，做不出决定，最终不是眼睁睁看着事情恶化，就是看着机会白白溜走。

几年前有一则新闻，我相信每个看过的人都会异常气愤。一位产妇临产了，被推进手术室，产妇的丈夫在产房外焦急地等待。过了一会儿，护士从里面出来，告诉丈夫，产妇难产，需要丈夫签字同意剖腹产手术，并且确认一旦有了危险，是保大人还是保孩子。

虽然现实有些残酷，但对于一般人来说都不会犹豫：马上签字剖腹产，然后确认保大人。但这位极品丈夫，犹犹豫豫，从满脸愁容到满脸泪痕，就是无法做出决定。医生和护士急得不得了，轮流劝说他做决定，并且说手术难度不是特别大，大人孩子都存活的概率是有的，但患者家属必须立即签字，否则拖延下去情况就很难说了。医护人员劝说了一个多小时，产妇已经奄奄一息了，丈夫依然拿不定主意，哆哆嗦嗦地做不出决定，最后干脆蹲在墙角低头不言不语。医院没办法，做出决定，先给产妇做手术。但因为拖延的时间太长，胎儿已经死亡，母亲最终也失去了生命。随后，这位令人不齿的丈夫竟然还要状告医院，说医院治死了自己的妻子和孩子。

天底下如这位丈夫这样犹豫窝囊的人并不多见，但这个典型的例子还是

警告我们，凡事都不能犹豫不定，要当机立断做出决定。即便真的没有办法
做到当机立断，也要在分析形势后，立即做出决断。

　　作为管理者，领导一个团队，每一个决策都关系着团队的生死，谨慎从
事是对的。但谨慎也要有度，不能过度，不能谨慎起来没完，一直拿不出决
策，那样会让团队成员无所适从，会彻底摧毁团队的凝聚力。

　　在面临危机时，管理者更需要当机立断的行事作风。其实，在危机来临
时，再有经验、有能力的人也会一时发蒙，找不到方向。但作为企业的管理
者，别人可以发蒙，可以不知所措甚至妥协，管理者却不可以，即便是没有
想到应对办法，也要表现出坚毅不屈、乐观幽默、冷静豁达的状态，迅速做
出一些决定，即便决定起不到什么作用，但是管理者气定神闲的状态会稳定
员工的心，让员工原本慌张的内心冷静下来。同时，管理者的坚强会让员工
坚定了跟随的决心，会真心陪同管理者渡过风雨。

◎ 立即行动，防止恶化

　　危机处理，最能体现管理者的领导力和情商。一个成功的管理者，其智
慧与才能，正是在应对危机的过程中逐步提高的。身为管理者，面对突如其
来的商业危机，消极地应对只能使企业迈向深渊。管理者只有抓住时机、临
危不乱、立即行动，才可以从容不迫地化解危机。

　　有一位哈佛学子在采访一位企业领导人时，听到了这样的回答：
　　"你的企业遇到过危机吗？"哈佛学子问。
　　"当然遇到过！"他回答。
　　"当你遇到危机的时候，是如何处理的呢？"

"马上行动！"他说。

"当你遇到经济上或者其他方面的重大压力的时候呢？"

"马上行动！"他说。

"马上行动！"他给这名学子的答案只有这一个。马上行动是一种习惯，马上行动是一种应对危机的态度，马上行动也是每个高情商的领导者共有的特质。你有一个好的策略，又及时采取行动，不一定能带来令人满意的结果，但不采取行动就绝无满意的结果可言。

当危机出现的时候，企业领导者要明白速度等于一切，及时制订应对策略和步骤，并成立一个"危机处理小组"，这样才能在第一时间弄清真相、对症下药。如果你浑浑噩噩、得过且过，那么就注定会被淘汰出局。

危机总是突如其来，所以才取名"危机"。当危机发生的时候，千万不要惊慌，首要的事情是在第一时间成立危机处理小组。危急时刻更需要领导者站出来，勇敢地带领组织战胜危机，将损失降到最低。这才是领导者应有的作为。

《英国十大首富成功秘诀》曾这样分析当代英国顶尖成功人士，该书指出："如果将他们的成功归因于深思熟虑和高瞻远瞩，那就失之片面了。他们真正的才能在于他们审时度势然后付诸行动的速度。这才是他们最了不起的，这才是使他们出类拔萃、居于实业界最高职位的原因。什么事一旦决定马上就付诸行动是他们的共同本质，'现在就干，马上行动'是他们的口头禅。"

一个高情商的管理者，肯定是一个高效的人；一个高效的人，肯定是迅速行动、绝不拖延的人。在企业出现危机之后，一定要尽快处理。"万事俱备"只不过是"永远不可能完成"的代名词。犹豫不决，愚蠢地去等待"万事俱备"，必将一事无成。

◎ 危机当头，领导必须冲在最前边

　　管理者可以防范危机、警惕危机、缩小危机，但危机总会到来，毕竟人不是万能的，没有人和团队能让危机不近身。那么一旦危机来临了，管理者应该怎么做呢？是只顾掩饰，还是相互推诿，还是对员工大喊"你们顶住，我先撤"，还是勇敢地直面危机，第一个冲上去，带领员工战胜危机？我想任何人都认为最后一种做法才是优秀管理者的作为。

　　但是只认为最后一种做法正确显然不够，还要真正做到。很多管理者也是明事理的，但"危机一来，立即晕菜"，变成了逃兵。

　　一个企业能否强大长存，创新发展和抵御危机同样重要，不要认为危机一定是坏事，其实危机中往往蕴藏更大的机会，如果能战胜危机，你会发现原来前方非常光明，之前的危机只是黎明前的黑暗而已。

　　但是，战胜危机不能只让员工上，管理者要首先冲上去，站在风雨最猛烈的位置，用坚定不移的信念传递给员工力量，用冷静和智慧指引团队战胜危机。

　　IBM是老牌电脑公司，全球500强企业，是生产计算机硬件的霸主。曾经制造出著名的神机"深蓝"电脑，这台电脑在和国际象棋世界冠军加里·卡斯帕罗夫的对决中胜出。

　　IBM前总裁郭士纳自幼性格倔强，有着强烈的危机意识和战胜危机的坚韧毅力。8岁那年，郭士纳在自家院子里割草，割草机突然发生故障，小郭士纳为了弄明白原因，固执地跟割草机战斗了三个小时，最终他让割草机恢复了运转，但右手的拇指和食指也被割草机割掉了。但他没有放下工作，强忍剧痛硬是把草割完了。

　　后来随着郭士纳渐渐长大，残疾的右手不仅没给他带来自卑，相反却增强了他的危机意识。他认为自己的右手残疾，更不能一辈子从事劳动工作，一定要当上管理者。他努力工作，从公司的普通员工晋升为基层管理者，然后是中层管理者，最后成了高层管理者。郭士纳曾在美国运通旅游服务公司当过 11 年总裁，虽然身居高位，但他总是危机意识十足，每当他看到自己残疾的右手，就会增添与困难做斗争的勇气。

在受聘到 IBM 担任总裁后，郭士纳开始在公司内部做走访调研，与各级管理者及普通员工进行交流，经过一段时间的了解，他发现这家巨大的公司危机太多了，随便哪一个危机爆发，都会将 IBM 压垮。郭士纳提出要进行改革，当即遭到 IBM 其他高管的反对，大家认为 IBM 目前运作得很不错，没必要改革。郭士纳郑重地将他发现的危机一一列举出来，告诉众人，如果 IBM 不进行深化改革，这座大厦濒临倒塌的日子并不遥远。

随即，郭士纳开始行动了，他将公司 200 家最大客户的信息官请来聚会，真诚地向他们提出两个问题：IBM 哪里强？ IBM 哪里弱？他看着手中每位信息官的回答，再结合自己的调研结果，果断地把经营业绩一般甚至亏损的部门砍去。

经过郭士纳的努力，IBM 已经由过去冗余复杂的公司简化为领域单一，但竞争力无人可及的行业霸主，牢牢占据着计算机硬件巨无霸的位置。现在 IBM 的客户已经不再像过去那样仅仅满足于从 IBM 购买大型计算机成机和分散的硬件、软件，而是希望直接获取解决问题、提高生产率的计算机处理办法。形象地说，过去的客户需要"等米下锅"，现在的客户需要"端饭回家"。"等米下锅"时期的客户，他需要的仅仅是"米"，对 IBM 的依赖性不大，毕竟"米"的差别不算大，你家不行，还有别家。但现在的形势是要"端饭回家"，这就差别巨大了，同样的"米"在不同人手中可以做出不同味道的"饭"，IBM 给客户"做的饭"是其他公司无法企及的，也就不可能有被别人抢走业务的一天。

郭士纳第一个意识到了危机，第一个指出了危机，第一个为危机想办法，第一个着手解决了危机。可以说正是郭士纳不顾个人得失，危机意识当头，勇敢向前的气魄，才让岌岌可危的 IBM 重新焕发了生机。

作为企业的管理者，你是否是第一个发现危机的人？是否是第一个指出危机的人？是否是第一个为危机想办法的人？是否是第一个着手解决危机的人？如果你的回答从第一个问题就是"不是"，那我告诉你，你的企业已经很危险了，或许现在很繁荣，那也不过是一时的表象罢了。

也许有些人会说，管理者也是人，不可能做到面面俱到。的确如此，但管理者的下属呢？那么多下属为什么不被重视呢？一个人的智慧和眼界毕竟有限，如果能让所有的员工都发挥能量，共同发现危机并解决危机，管理者身先士卒冲在第一位，企业一定能渡过任何危机，蓬勃发展。

◎ 危机来临时，勇于带头做出奉献甚至牺牲

很多管理者都有这样的误区：认为管理者是高层，高高在上，理应享受生活；而员工只是执行人，没有享受的权利。于是，很多管理者安于享受，对下属呼来喝去。

这是非常糟糕的管理方式，没有做到公平合理，挑战员工自尊的底线，当员工忍无可忍时，他们会毫无顾忌地离开管理者，另谋高就。毕竟员工工作不仅仅是为了养家糊口，还要实现个人价值，维护人的尊严。但更加可怕的后果不仅限于员工炒掉管理者，还有管理者掌管的企业被市场炒掉，最终关门大吉。这是享受型管理者的必归路，不可能出现更好的结局。

如果说在企业和平时期享受的管理者已经拉开了失败的帷幕，那在危机来临时还不肯放下享受的思想，就是不可救药的表现。危机到来时，不仅考

验管理者一个人，也考验全体员工。这时候，如果管理者能将员工留下来同心协力、共渡难关，企业一定会有机会，但前提是管理者必须和员工同甘共苦，甚至吃的苦要超过员工。员工们看在眼里，记在心里，一定会努力工作，真心诚意帮助企业走出困境。

越王勾践是一个非常有名的人，达到了妇孺皆知的程度，但没有几个人知道他究竟做出了哪些成绩，人们只知道他曾"卧薪尝胆"二十年，带领越国成功向吴国复仇，成为春秋时期最后一位霸主。

勾践起初也是享受派管理者的代表，弱冠之年继承王位，意气风发，不听大臣劝阻，强行向强大的吴国发起进攻，虽然小胜几次，最终却被吴国所灭。勾践成了俘虏，吴王夫差没有杀他，让他做了奴隶，这是何等的屈辱，一代王者，竟然沦落为另一个王者的奴仆。勾践不能死，他要复国，忍辱答应为奴。陪同勾践为奴的还有越国的十几位重要大臣，他们想让勾践少做些苦工，勾践拒绝了，他真的像个奴隶一样，认真地做着奴隶的工作。

三年的奴隶生涯结束后，勾践被放回越国。他立即领导越国人民走上复兴之路。当时越国的条件非常艰苦，百姓都住茅草房，穿粗布衣服，每餐也没有肉。勾践没有因为自己是国王而搞特殊化，他也住在茅草房里，睡在草垛上，穿着粗布衣服，每餐只吃青菜。勾践的妻子和仆从也都如此，全国上下没有一位官员例外。

经过几年的努力，越国渐渐富裕起来。勾践下令让百姓首先搬进好的房屋，穿上好衣服，吃上鱼肉，然后是军队、下级官员、中级官员、高级官员、妻子和奴仆，最后当范蠡禀告他全国只剩下勾践一人住茅草房、穿粗布衣、吃糠咽菜时，勾践才搬进已经修建好的宫殿中。越国人民被自己的国王感动了，他们甘心情愿地为国家奉献一切，才使得勾践最终复仇成功。

历史上的勾践就是"后天下之乐而乐"的代表，在危机来临时，他没有逃避，而是勇敢地担当，让自己承受着痛苦的折磨，却让其他人率先走向了幸福。这就是卓越管理者应该做到的，让别人奉献，自己首先要奉献；让别人牺牲，自己就要先牺牲。而在必须有人奉献、牺牲的时候，管理者就要走在最前面。

◎ 能发现冲突中的机会吗

来看看这样一起女秘书 PK 总裁的事件：

晚上七点整，总裁离开公司回到家里，想起有一份文件需要处理，又返回公司取，等到了办公室门口才发现自己忘记带钥匙，但秘书玛丽已经下班回家了。总裁想联系玛丽，让其返回来送钥匙。但他先后尝试了打电话、发信息、QQ 留言、微信留言等多种方法，等了半个多小时也没能联系上玛丽，不禁怒火中烧。因为文件很重要，不能再耽误了，总裁只得开车回家取钥匙，然后再返回公司，这时已经是晚上十点多了。

总裁越想越恼怒，但他要压住怒火处理公事。等到事情都处理完了，已经是后半夜一点半了。总裁紧接着通过电子邮件给玛丽发了一封措辞严厉、语气生硬的"谴责信"，信中尽诉玛丽此次的过失，警告玛丽以后下了班也要保持通信畅通，不能为了私事忘记公事，如果再有类似事情，立即开除。为了宣泄愤怒，总裁还把邮件发给了公司的几位高管。

玛丽是和男朋友约会去了，玩到半夜回家，习惯性打开电脑，第一时间看到了总裁的"谴责信"。看完后，玛丽异常愤怒，她也很冲动地给总裁回了一封邮件，措辞也同样强硬，谴责总裁占有欲旺盛，眼里只有金钱，是剥削员工的吸血鬼，连下班后的私人时间都不能自己做主等。玛丽报复性地将邮件群发，本公司从高层到底层的人员都收到了，连竞争对手公司的管理者也收到了。

　　此时，总裁和玛丽的矛盾已经无法调和了，玛丽辞去了职务，总裁也损失了名声。

　　这个案例中，总裁因为一时冲动首先制造了冲突，员工下班后的时间完全属于私人所有，即便总裁能找到玛丽，也得以恳请的口吻说话，因为下班后，双方就不再是从属关系了。但总裁却因为找不到玛丽耽误了自己的事情而愤怒谴责，还将问题扩大化，告诉了其他高层领导。

　　玛丽是冲突的加剧者，如果玛丽足够聪明，她不应该反击，当总裁头脑冷静下来后，会知道自己做得不对，对玛丽会怀有愧疚感。但玛丽采取了报复性措施，并且将影响进一步扩大，让总裁失去了尊严，总裁原本会有的愧疚心态顿时消失，完全变成了对玛丽的愤怒。两个人都是冲突中的失败者，一个丢了工作，一个丢了名声。

　　这个案例是总裁错在前，我们可以谴责总裁不对，但如果是下属错在前，作为管理者也不能以强压弱，劈头盖脸进行批评。因为下属做错了，通常心里都很清楚，但是每个人都有自我保护心理，如果别人对自己的批评过重，伤害了自己的尊严，那是绝对不能容忍的，即便有错也不会承认了。如果管理者能够心平气和地就事论事，为下属指出错误的根源，并找出改正的方法，下属是很愿意听从的，也愿意做出改正。

　　人际关系学大师戴尔·卡耐基曾说："冲突是一个过程，这种过程始于一方感觉另一方对自己关心的事情产生消极影响，或者将要产生消极影响的时候。"

　　卡耐基将冲突定义为："个体或组织由于互不相容的目标或情感，引起的一种相互作用的紧张状态。"当一个人的行为给他人造成了阻碍和干扰时，就会产生冲突，冲突和暴力、争吵并不是一回事儿。不论冲突的具体定义如何，都无法掩盖这样一个事实：冲突是普遍存在的。

冲突是人际关系的一个直接产物，当人际关系出现裂痕，并让另一方感觉自己受到了损失，内心有了失望感和挫败感，甚至有了被折磨的痛苦情绪时，冲突就产生了。

中国人自古以来都崇尚"和为贵"，讲求"万事忍为高"，不喜欢冲突。企业的管理者也具有这种思维，他们将冲突当作洪水猛兽，尽力去维护和平，消灭冲突。如果一个企业的管理层因为各执己见而相互争论，外界就会立即联想到这家企业的内部是不是要分裂了，同时也会将企业的最高管理者定性为无能，确定他的管理失败。

其实，任何由生命组成的组织中都会有冲突。看看一些群居动物，它们也会因为争夺资源而发生冲突，这是不可避免的。而人类组成的组织中冲突会更多、更复杂、更具体，因为人类的思维更复杂，利益分配方式更复杂，这就导致了冲突的多样性。

但冲突也是可以利用的，只要处理得当，冲突就会演变为发展机遇。优秀的管理者从不惧怕冲突，他们知道冲突管理通常是驱动团队变革的最大动力，只要处理得当，可以给冲突中的双方带来双赢的局面，能够给团队带来更多革新，帮助管理者改善组织内部的关系。

美国管理协会的一项调研显示，一位职业经理人至少会有 32% 的工作时间是花在冲突管理上的。他们是在浪费时间吗？显然不是，他们在冲突中寻找到了很多机会，帮助自己实现了事业的腾飞。

管理中，可以引发冲突的原因很多，比如：员工个性差异，工作性质不同，信息沟通不畅，利益分配不均，个人价值观和企业目标不协调等。因此，化解冲突虽然能利人利己，但必须要做得巧妙，让冲突中的双方都能满意地接受。

来看看化解冲突的技巧：

第一步：搁置冲突。冲突发生后，管理者应该怎样做呢？先看一个情景小品：

甲乙二人在路上，甲不小心踩了乙的脚一下，装作若无其事，没有道歉。乙很生气，张口对甲说了句粗话。这一下惹怒了甲，反唇相讥，两人争吵起来。很多路人停下来劝解，但这两人越吵越厉害，互不相让，最后两人相互拉扯着去了派出所。

两人边吵边走进派出所，警员将两人带进所长办公室。所长刚一询问事情经过，两人便一起开口，都大声说自己的理由，拼命说对方的不是。所长只能将他们分开，一个个询问。听两人都说完了，所长知道不过是小事一桩，但这两人因为都在气头上，谁都不肯让步，才僵持不下，他便让警员将两人带到同一间房中，让他们缓和一下情绪。

开始时两人依然互不相让，继续争吵，随着时间的推移，争吵的声音越来越小。两个小时过后，两个人已经全然没有了争吵的意识，都在等警察来叫自己，好将事情解决完了及早回家。但警察并没有来找他们，两个人又等了近一个小时，终于顶不住了，主动开始交流。随着交流的深入，两个人都认为是自己错在前，气氛顿时缓和，心里已经一点儿气都没有了。

两个人连说带笑地又聊了一个小时，警察进来了，把他们带进所长办公室，所长再问两人争吵的经过，两人都堆着笑脸说是自己不对，已经和解了。所长严肃地批评了两人，告诉他们以后都要容忍些，不要因为小事情就争吵，然后就让两人离开了。两人在派出所门口像老朋友一样道别，还互请对方到家里吃饭。

看到最后，有些人可能要笑了，这二人是何苦呢，本来就是踩了下脚，却大张旗鼓地弄到了派出所，在空房子里待了几个小时后，又自行化解了，不是没事儿找事儿吗？单看事情是很滑稽，所以被拍成了情景小品。但这个故事很值得我们思考，聪明的所长没有"趁热打铁"，马上处理此事，而是采取了冷处理方式，让两个人先降温，冷静头脑。方法很奏效，原本火冒三丈的两个人的大脑经过不断地冷却，最终"一笑泯恩仇了"。设想，如果不用冷处理，而是硬性调节两人的冲突，效果绝不会好，人在不冷静时是很难认识到自己的错误的。

因此，当管理者看到下属之间有了冲突时，最好的办法是先将两人冷却一下，搁置矛盾，不要在矛盾双方的火头上调节，那样是不会取得好的效果的。有时搁置了冲突，说不定双方会自己想清楚。

如果下属是跟管理者本人发生冲突，也可以暂时搁置。管理者切莫以身份压人，强行纠正对方的想法，那样只能让事情越来越糟糕。

第二步：分析冲突。不要寄希望于所有的冲突都能在搁置以后自行化解，那毕竟是少数。多数的冲突都需要管理者出面调解，但在调节之前要分析清楚冲突产生的原因，是下属性格的原因吗？是利益分配不均导致的吗？是下属对制度不满吗？是赏罚不够公平吗？原因是方方面面的，管理者在没有分析清楚原因之前，切勿盲目下结论，更不可盲目进行调节。

对于下属性格导致的冲突，管理者要以下属的性格做调节支点。下属两方都强硬，管理者就各打五十大板，恩威并施，并将这两人的工作分开，不让他们有再发生冲突的机会。下属两方若一方较强势，一方较弱，管理者对较强势的一方要进行气势上的打压，摆事实讲道理，告诉他不能太过强硬，要以团队利益为重，而对较弱势的一方要进行鼓励，让其更好地完成工作。如果下属两方都不太喜欢说话，管理者要通过巧妙的提问方式，问出双方内心的真实想法，并根据双方所想做出合理的调节方案。

对于利益分配不均导致的冲突，管理者应将重点放在利益分配上，以公平合理的方法找出利益分配的平衡点，化解冲突。

对于下属因对制度不满而导致的冲突，管理者要耐心进行一对一沟通，让下属敞开心扉说出对制度具体有何不满。如果下属说得有道理，管理者可以和下属展开讨论，怎样让制度更合理，这样会让下属感觉受到了尊重，心中的不满自然就烟消云散了。如果下属说得没有道理，属于无理要求，管理者也不必生气，要耐心跟下属讲解制度的意义，让下属明白制度不是为一个人制定的，而是要规范整个企业，下属理解了，心中的不满自然消散。

对于赏罚不公导致的冲突，管理者首先要做自我检讨，看看自己究竟哪里做得不对，引起了下属的不满，然后认真改正。

第三步：整合期望值。鼓励冲突的双方看到积极的方面。劝解冲突双方不要主观认为对方对自己心有芥蒂，而应该将对方往好处去想。并引导双方做出承诺，将双方都希望达成的期望逐条列出来，同时说明：要实现这些目标，他们应该做些什么，应该怎样做。

◎ 棋走绝步，兵行险招，置之死地而后生

成功学大师拿破仑·希尔在其所著的全球畅销书《思考致富》中提出这样一个成功学理念——"过桥抽板"。

这里所说的"过桥抽板"，不是达到目的后，想独享胜利成果，把过去同甘共苦的战友一脚踢开，而是告诉我们当企业遇到难以解决的危机时，最好把退路切断，让企业退无可退，这样才能激发员工的潜力，勇往直前，坚持到底。

夏季的傍晚，美国佛罗里达州的一家人正在吃晚饭。突然，父亲闻到一股浓烈的烟味，他走出房门一看，原来邻居家起火，并且已经烧到了自己家。父亲慌忙喊出了妻儿，一边报了火警，一边和家人奋力扑救，但因为火势猛烈，房子和屋内所有的东西都被大火吞噬了。

望着被大火烧光的家，幼小的儿子问父亲："爸爸，我们的家没有了，我们该怎么办呢？"

父亲坚定地对儿子说："不，孩子，你说错了，我们的家不是没有了，只

是要变得更好了，我们一定可以建造一个新家。"

"可我们什么都没有了呀！"儿子不解地继续问。

父亲摸着儿子的头，微笑着说："是的，我们现在什么都没有了，但也没有了拆不拆旧房子的顾虑和建不建新房子的犹豫。"

两年后，凭借夫妻二人的努力，他们一家人住进了更宽敞的新家。

假如没有这场意外的火灾，这家人可能会一直住在旧房子里，但大火烧毁了房子，他们已经没有不建新房子的后路了，所以必须想方设法建造新房子。

人生其实也是这样，在有后路可退时，总是不能全力以赴地向前冲。而只有在退无可退的时候，才会全力以赴，拿出所向无敌的气势。

作为团队的管理者，经常会碰到难以化解的危机，与其在犹豫中半死不活地苦撑，倒不如将过去全部推翻，集中全部能量放手一搏，就算只有万分之一的希望，毕竟还有一线生机。若能每次都把最终的决定当成最后一线生机，那么一个管理者可以带领他的团队做到许多从来没有想过也不敢去想的事。

管理者必须明白这样的道理，在激烈的市场竞争中，任何企业都不会一帆风顺，都会面临种种危机。高情商的领导者懂得在企业面临危机或破产时，运用"置之死地而后生"的办法，来鼓舞员工的士气，使员工发挥出超常的能力，从而走出当前的困境，转危为安。

一位企业家曾经说过："中小企业在草创阶段不要抱怨，抱怨是没有用的，中小企业的出路从来不是坚持出来的，而是没有退路逼出来的。只有这种破釜沉舟的精神才能把中小企业的所有能动性发挥出来。"

破釜沉舟是企业管理者在危急关头使用的一种极端的应变策略，这一策略的使用必须慎之又慎，不到最后一刻绝不能轻易使用。要充分考虑各种情况，做出周全的部署，否则，不但起不到激励员工的作用，反而有可能导致人心涣散、众叛亲离。

杰瑞先生是一家企业的董事长，在金融危机的浪潮中，杰瑞的企业受到了严重的冲击，面临着破产的厄运。为此杰瑞很苦恼，他找到了自己大学时的导师安德科先生，向他寻求改变自己现状的方法。

当安德科得知杰瑞的来意后，他并没有提出什么办法，只是邀请杰瑞参加下周一学校组织的一次比赛。

比赛那天，杰瑞如约而至。这次比赛的规则很简单，每位选手面前有四条通往目的地的道路，要求最快地到达目的地。

杰瑞随便选择了一条道路。出发时，他沿路做了记号。这样，即使这条路行不通，也可以顺着记号原路返回。在这条路上，他不知走了多久，一直找不到出路，无奈之下，他只好顺着记号原路返回了。

接下来，他又选择了第二条路。出发时，他同样做了记号。可是，走了好久，他突然又感觉像进了迷宫一样。这次，他坚持着向前走。最后终于走出了这些迷宫一样的路。在他面前是一片森林，看上去更加难走。他走进森林，不久便迷失了方向。于是，他又顺着记号返回了。

这次，他选择了第三条路。出发时，他仍然做了记号。这条路和前两条一样，同样遇到了迷宫般的小路。但有了前两次的经验，他很快就走了出去。此时，在他眼前仍然是一片密林。他没有办法，只好进入密林。可是，这片密林太难走出去了。费了九牛二虎之力，他终于走出了密林。杰瑞舒了一口气，继续向前走去。这时，前面出现一条大河。奇怪的是，这条大河上根本没有桥。看来，这条路是死路！杰瑞只好重新顺着记号回到起点。

现在，只剩一条路了，而这条路也是杰瑞最后的选择了。这次，他没有做记号。因为，即使做了记号，自己也不可能再回来了。再回来就意味着没有出发。有了前三次的经验，他很快就通过迷宫，穿过密林，来到了一条大河前。看来，这四条路的路线有可能是一样的。站在河边，杰瑞别无选择。他只好纵身跳入河中，河水非常冰冷，不过好在水并不深，只到杰瑞的腰部。他蹚着水过了河。当他走上河岸时，看到了不远处的目的地。同时，杰瑞还发现，目的地旁边有四个口子。原来，选择任何一条路都会到达终点。更令杰瑞不解的是，其他的选手都早已到达了目的地。

安德科先生看着面带惊诧的杰瑞说："其实，不管选择哪条路，只要勇敢地走下去，都会走向终点。但关键的问题是，千万不要为自己留退路。因为退路有时候就是阻止自己前进的绊脚石。"

此时，杰瑞终于明白了安德科先生的用意：人生，也不能为自己留有退路。

不给自己留下后路，从某种意义上来说，正是给自己一个向高地发起冲锋的机会。有棋走绝步、兵行险招的气势，才能够树立"置之死地而后生"的决心；同样，具有棋走绝步、兵行险招气势的企业，才能使员工产生危机感，员工才会集中精力奋勇向前，取得最终的胜利。

美国灾难大片《2012》中有个情节：老爸在黄石公园限行区的栅栏外，将女儿的帽子扔进栅栏里，对孩子们说："帽子掉里面了该怎么办呢？"老爸的用意是让孩子们翻过栅栏去捡帽子。如同一句谚语所说："面对一座高墙，却没有勇气翻越时，不妨先把自己的帽子扔过去。"

如果你的企业现在也面临着一堵高墙，你感觉自己可能攀不过去，那就先把你的帽子扔过去吧。也许你会失败无数次，也许你会遍体鳞伤，但为了你的的帽子你会发现翻过墙后将是另一个世界，你所受的这些伤痛都是值得的。

在企业发展的过程中，不知道会遇到多少危机，不知道会有多少高墙横亘在你面前，关键是看你敢不敢把帽子扔过高墙。想要成功化解危机，就要有探险家的胆识和气势。敢于自断后路、走绝步、行险招，这才是一个高情商的领导者应有的魄力。

◎ 兵来将挡，水来土掩，没有过不去的坎儿

有气魄的统帅，即使面对数倍于己方的敌人，依然会坚定地说："兵来将挡，水来土掩。"作为企业的领导者，也应该有这种气魄，既然危机来临了，不管有多么巨大，都要面对。有很多管理者却缺少这种战天斗地的气魄，看到危机来势汹汹，便有心退缩，或者想绕道而行，最终葬送了企业。

其实，面对危机害怕和逃避是没有用的，危机不会因为人们的害怕和懦弱而自行消失，人们必须要拿出百分之百的勇气进行抗争。敢于抗争就有胜利的希望，妥协只能一输到底。

可以说，一家企业每时每刻都面临着风险，一不留神就会陷入危机之中，这些坎坷都是做企业的常态化现象，只要镇定应对，咬紧牙关坚持，就没有过不去的坎儿。

美国强生公司生产出的泰诺止痛片，因为见效快，副作用小，价格便宜，一经问世便迅速占领了近50%的市场份额。公司加大生产量，并承诺会进一步加强药效，并在未来降低药价。就在公司雄心勃勃和患者翘首以盼的时候，危机突然出现了，芝加哥、底特律相继传出有人因为服用该产品死亡的消息，对死者进行解剖后发现死者体内有剧毒物质氰化钾，并在死者服用的泰诺止痛片中检查到了氰化钾的成分。一时间舆论哗然，民众对泰诺的信心一下子降到冰点，已经购买并服用的人都非常愤怒。

面对危机，强生公司必须拿出应对措施。公司通过媒体向外界宣布已经展开了内部调查，然后在全国铺天盖地地做广告，让人们暂时不要服用此产品。几天后，强生公司将调查结果公布于世，声明泰诺止痛片没有任何问题，没有任何可以致人死亡的成分，公司员工也没有操作失误的情况发生。

这个结论激怒了民众，大家都认定是强生公司在推卸责任，强烈要求警

方介入调查。强生公司顺应民意，选择了报警，经过芝加哥警方和底特律警方的联合调查，发现收缴上来的含有氰化钾成分的泰诺止痛片上面均有针孔，由此可以证明是有人故意陷害。

接下来，强生公司又铺天盖地地发布广告，将警方的调查结果公布于众，说明"责任不在本公司，我们也是受害者"，并且租用卫星频道在全国二十多个州同时举行新闻发布会。在发布会上，该公司展示了他们新研制的、一旦有异物接触就无法保持原样的新泰诺胶囊。

随后，强生公司再一次铺天盖地地做广告，还采用了发送优惠券、设立热线电话回答病人咨询、设立专家组巡回演讲等方式，逐渐挽回了消费者对于该产品的信任。从危机爆发开始，经过一个月的努力，强生公司不仅没有垮掉，反而赢得了更多人的支持，一举夺占了止痛片七成的市场份额。

从此案例可以看到，危机不是一下子就能解决的，需要经过不断努力，一点点打破坚冰，挽回消费者的信心。很多危机还会产生连锁反应，让应对者感到绝望。但无论危机多么严峻，只要坚定信念，冷静面对，就一定能渡过难关，迎来新的机遇。

第九章

构建队伍的进化机制

人类有今天的文明，进化是第一功臣。团队若想不断进步，也离不开进化机制。团队进步，首先要团队成员集体不断地进步；其次要构筑起进化的机制，让进化成为团队的主题。当团队走上进化轨道后，团队才能有持续不断的战斗力，如同许多百年品牌一样，人换了一茬又一茬，但品牌始终屹立不倒。

◎ 团队中时刻需要"鲇鱼效应"

北欧的挪威人很喜欢吃沙丁鱼，而且只喜欢吃活的，因为死了的沙丁鱼味道就不鲜美了。所以，渔民们想尽办法想让沙丁鱼活着回到渔港，但事与愿违，大部分沙丁鱼还是在途中因缺乏活动窒息而死。后来一位聪明的渔民在装满沙丁鱼的鱼槽内放入一条鲇鱼，鲇鱼是沙丁鱼的天敌，有了鲇鱼在鱼槽内四处游动，沙丁鱼变得很紧张，也不停地游动躲避。这样一来，沙丁鱼便活蹦乱跳地回到了渔港。

这就是著名的"鲇鱼效应"。沙丁鱼因为没有危机而消沉，一直到死亡，因为有了危机而焕发出了生机，坚持活了下来。一个成熟的团队是离不开"鲇鱼效应"的，适当的危机可以促使团队不断进步，不敢有丝毫懈怠。管理者可以通过"鲇鱼效应"让团队时刻走在创新的路上。

作为管理者，对下属危机激励的意义主要表现在两个方面：

第一，让员工时刻感到危机的存在。深圳航空有限责任公司为了使员工始终充满朝气与活力，独创了一条"道沟"理论：在每名员工前面铺设一条通路，但在后面挖一条深沟，时刻告诫员工只能前进，不能后退。

深圳航空公司的竞争上岗制度就是前面的通路，优秀的管理者和优秀的员工都有获得破格提拔的机会；而末位淘汰制度就是身后那条鸿沟。公司每年进行一次考评，管理者只要一年不称职或者连续两年刚达到称职的及格线就会被淘汰，对工作效率低下但暂时不够淘汰标准的员工实行待岗轮训，待岗轮训后若再不合格必将被淘汰。真正实现了"领导能上能下，员工能进能出，工资能升能降，机构能设能撤"的良性循环。

正是这种无处不在的鞭策制度，让深圳航空公司的每个人都充分发挥出了个人潜力，公司也取得了卓著的业绩。

第二，让员工有主动工作的意识。让员工有危机感，意识到如果今天工作不努力、明天就要努力找工作的压力，这样员工才能不断努力，主动学习，积极工作。与此同时，员工的责任心会得到提高，能主动将企业的前途和自己的前途结合起来，树立团队精神，与企业休戚与共。

多年前，一位年轻女孩前往东京帝国酒店上班，她的梦想是当白领丽人，没想到去的第一天上司交给她的工作竟然是洗厕所，并且要求光洁如新。她从未做过如此粗重的工作，在第一次伸手触及马桶的一刻，几乎想要呕吐。一名与她一起工作的前辈见状，不动声色地来到她面前，随手拿起了抹布，仔细地擦洗着马桶。不一会儿，马桶就被擦得光亮如新，随后那位前辈居然当着她的面从马桶里舀出一杯水，一饮而尽，没有任何勉强的意思。

她震惊了，同时也意识到自己的工作态度有问题，自己必须学会去适应这种工作，而且还要将它做得更出色。于是，她对自己说："就算一生洗厕所，也要做个全世界洗厕所最出色的人。"

从此，她一扫之前的萎靡不振，全身心地投入洗厕所的工作中。她做到了在没有监督的情况下也能确保工作质量的高水准，她也不止一次喝下过自己清洗后的马桶中的水。正是这种精神，一直指引着她去勇敢地迎接各种挑战，适应各种恶劣的环境，取得了同龄人难以取得的成绩，一步步地踏上了自己的成功之路。后来她成了日本政府内阁的官员——邮政大臣，她的名字叫野田圣子。

野田圣子的经历告诉我们，无论做什么工作，都应该具备"洗厕所"的精神，追求精益求精，追求不断进步。

作为管理者应该时刻在自己的身边放一条"鲇鱼"，警示自己只能不断突破，不能有丝毫放松。同时，管理者也应在下属的意识中放上一条"鲇鱼"，让危机感促使下属只能勇往直前，不能后退半步。当"鲇鱼效应"在管理者和下属的头脑中产生影响后，团队的进化机制才算正式开启。

◎ 跳出自我，从不同的立场和角度考虑问题

一家农户同时养着猪、牛、羊三种牲畜，每当主人去猪圈抓猪，猪都大声哀号，拼命反抗。对此，另两个牲畜栏中的牛和羊很不耐烦，它们向猪抗议说："主人也常常来捉我们，我们都没有大呼小叫的，你们的反应也太夸张了！"

一头猪愤怒地说："夸张？主人捉你们和捉我们完全是两码事儿，捉你们只是为了剪毛或挤奶，捉我们则是为了要杀我们啊！"

这就是立场不同，看到的事情和想到的结果都不一样。不能站在他人立场想问题的人，是很难了解他人的真实感受的。如果能换一个角度，站在对方的立场，就能更好地体谅对方。

管理者更应该明白，事情都有两面性，考虑事情必须从正反两方面入手，片面思考只能导致信息搜集不完整，从而对下属产生误解。管理者必须跳出自我思维，冲破主观意识的束缚，从不同的立场和角度考虑问题，做到兼容并包，将团队整合成战斗力超强的整体。

这需要管理者做到以下两点：

1. 站在员工的立场想问题

管理者和被管理者所处位置的不同，必然会导致双方在思想、行为上的不统一。同时，管理者因为身处高位，很容易有以权压人的气势，忽略员工的真实想法和感受。称职的管理者能够有效激发员工的工作热情，促进团队的协作。

在管理者和团队成员因为分歧而有矛盾时，管理者应采取换位思考的方式，站在员工的立场思考问题，深刻探究矛盾的根源，根据实际情况客观理智地化解矛盾。如果是团队内部成员之间发生分歧，管理者也要站在矛盾双方的立场进行思考，找到诱发矛盾的根本因素，采取一切办法消除员工的负面情绪，将团队引向和谐发展的轨道上。

总之，多做换位思考，站在员工的角度看问题，一定会使管理者有新发现、新感悟，重新审视自己的不足。管理者善于换位思考，对提高管理水平、促进团队融合非常有益。

2. 具有大格局，统筹全局利益

管理者要跳出自己的"一亩三分地"，多向高处看，向远处看，放眼更大的世界，始终关注团队的长远目标和战略，胸中装有大目标、大战略，考虑问题要有大格局和前瞻性。

对于管理者来说，带领团队实现突破性发展，或者达到公司的业绩要求，只是必要的前提条件，只能证明是合格的管理者，要想成为优秀甚至卓越的管理者，一定要有全局观念和前瞻性。

惠普公司为了让管理者树立全局观念，实行了管理人员"轮岗制度"，让管理者接触不同的工作岗位，以便学到不同的东西，同时深刻了解其他岗位的工作性质，产生直观的认识。

对于一名管理者来说，位置变了，看问题的角度就变了。管理者应该让自己多接触不同性质、不同岗位的工作，以便开阔眼界，增进对其他岗位的了解，真正从内心深处明白换位思考的重要性。

◎ 不可摘下的六顶思考帽

日本管理学家大前研一说："思考也是一项技术，虽然有心而发，却需要我们进行整理规划。"

大前研一说得没错，思考就是技术。但思考不同于其他看得见的技术，没有评级也没有职称，全部体现在处理事情的过程中。如果将一个人的智商比作一辆汽车，志向是发动机，知识是燃料，思考就是驾驶技术，这三项缺一不可，没有最重要、重要、次要之分。但现实中很多人只重视发动机和燃料，将燃料灌得满满的，发动机擦得锃亮，唯独驾驶技术没练好，汽车刚一上路就频繁发生事故，不是撞人了，就是被撞了，总之是寸步难行。

针对人们不重视思考的现实，剑桥大学商学院的爱德华·特诺博士提出了"六项思考帽"的概念，特诺说："思考是永无止境的，不论自己的思考能力达到了什么高度，都要追求变得更好，因为一旦懈怠，思考能力将迅速下降。"

特诺认为，人们一直依赖的传统思维方法，已经难以应对当今社会的快速变化和错综复杂的形式。传统思维方式是纵向的，思考者从某个状况一直推演到另一个状况，特点是具有连贯性，却很单一，没有延展性，不适合辨别复杂的事物。

于是，特诺颠覆性地提出了横向思维方式，思考者从一种看待事物的方法转换到另一种方法，特点是没有连贯性，观察角度却很丰富，适合辨识复杂的事物。

横向思维和改变、移动有关，不断探索求证，以求达到最佳思考效果。纵向思维则和稳定有关，寻找一个相对满意的答案后就此打住。因此纵向思维者经常说："可以确定，这是解决问题最好、最正确的方法！"而横向思维者则说："换个角度想一想，还有没有其他更好的方案？"

简而言之，纵向思维是寻找答案，横向思维是寻找问题。很显然，寻找答案，会让事情变得简单，但如果事情相对复杂，背后隐藏玄机，纵向思维者就不会思考出最好的方法。而横向思维者虽然有时会将简单的问题复杂化，却总能找到最恰当的方法将问题处理掉。当今世界复杂多变，简单的事情已经不多见了，每件事情都有很多旁支，因此特诺说纵向思维已经落伍了，横向思维才是应对时代变化的法宝。

"六顶思考帽"就是横向思维的具体化，将思维分成六个不同的维度，并冠以六种不同颜色进行区分。"六顶思考帽"魔力非凡，一个企业或团队所想达到的目的，它都能帮助实现。作为企业的管理者首先要将这六顶帽子戴在头上，再给下属也佩戴齐全，就可以有效解决团队内部经常因为讨论问题而引发的对抗性争论。这种对抗性的争论不是良性的，而是阻碍问题解决和破坏团队凝聚力的杀手。

比如，某生产部门的十几个人在探讨如何提高生产效率的问题。如果他们运用传统的正向思维，就会有一部分人认为某个观点好，另外一部分人认为不好，还有一部分人弃权。正反两方面对立，便会发生对抗性争论，哪方都认定自己的观点是正确的，争论如果继续下去，将永远不会停止。只有管理者出面，强行压制两方，然后才能得出结论。管理者可能会支持某一方的观点，也可能两方各打五十大板，但无论做怎样的选择，未得到支持的下属一定不会服气，在执行中也不会尽全力。

如果大家都运用横向思维的话，就不会分成明显的"帮派"，大家坐在一起，各抒己见，有主题、分阶段地进行讨论。可以先就某一种方法进行讨论，大家的谈论话题只能围绕这种方法，不准说别的事情。接下来讨论另一种方法，依次讨论下来，结论便会清晰明确地摆在眼前，绝大多数人会一致赞同某一种方法，这就不需要管理者强行推行某种方法，可以很好地融合团队的智慧，让所有成员都心服口服，执行起来也能尽职尽责。

这就是运用"六顶思考帽"的好处，团队成员不再局限于某种单一固定的思维模式。"六顶思考帽"的六种思维维度，几乎涵盖了思维的整个过程，既可以有效地支持个人的行为，也可以支持团体讨论中的互相激发。

现在，我们就来了解一下这"六顶思考帽"究竟是什么。

第一顶：白色思考帽

白色代表信息、事实和数据，要求必须具备客观性。戴上白色思考帽，思考者只关注事实和数据，对于其他因素一概搁置。

白色思考帽所包含的问题：

1. 现在究竟搜集到了哪些信息？

2. 这些信息有多少真实性？

3. 这些信息需要做哪些具体验证？

4. 还需要补充什么样的信息？

5. 如何才能得到所需要的信息？

通过白色思考帽，可以做到：

1. 能得到准确的事实和数据；

2. 为某种观点搜集到足够的事实和数据；

3. 用事实和数据支持某一种观点；

4. 区分事实的可靠性。

第二顶：黑色思考帽

黑色意味着逻辑上的否定，是谨慎思考的象征，思考者需要以批评的态度来评估事实，以降低风险。戴上黑色思考帽，思考者可以运用否定、怀疑的思维对问题进行质疑，尽情地寻找负面信息，发表负面意见，为事实找出逻辑上的错误，用以降低风险。

黑色思考帽所包含的问题：

1. 信息的漏洞究竟在哪里？

2. 事实的错误隐藏在哪里？

3. 这件事能引发的最坏结果是什么？

通过黑色思考帽，可以做到：

1. 排除最坏的结果；

2. 指出以后能遇到的最大困难；

3. 对所有的方法给出合乎逻辑的反驳理由；

4. 找到改进和解决问题的最佳方法。

第三顶：黄色思考帽

黄色代表价值、肯定、阳光和乐观，代表事物合乎逻辑性、积极性的一面。戴上黄色思考帽，思考者可以从正面思考问题，不断提出建设性的意见，可以帮助思考者做到深思熟虑。

黄色思考帽所包含的问题：

1. 问题的本身有哪些积极因素？

2. 问题存在哪些价值？

3. 采取这个方法的理由是什么？

4. 这个方法有哪些特别吸引人或者有优势的地方？

通过黄色色思考帽，可以做到：

1. 坚持最好的结果；

2. 指出以后可以实现的最大价值；

3. 对所有的方法给出合乎逻辑的支持理由；

4. 提高执行者的信心。

第四顶：绿色思考帽

绿色是充满生机的，绿色思维不需要以逻辑作为基础。戴上绿色思考帽，思考者的创造力和想象力将会发挥到最大限度，具有创造性思考、求异思维等功能。通过绿帽思维，可以提出解释，预言结果，创新设计，激发行动。

绿色思考帽所包含的问题：

1. 还可以另辟蹊径找到其他的解决方法吗？

2. 是否还可以做其他的事情来解决问题呢？

3. 有什么可能发生的事情呢？

4. 什么方法可以克服现在所遇到的困难？

通过绿色思考帽，可以做到：

1. 保持执行人的新鲜感；

2. 不断发现新的解决问题的方法；

3. 不断有创新的方法产生。

第五顶：蓝色思考帽

蓝色有纵观全局之意，负责控制和调节思维过程。戴上蓝色思考帽，思考者可以规划和管理整个思考过程，并负责得出结论。蓝帽思维是控制帽，蓝帽思维常在思考的开始、中间和结束时使用。

蓝色思考帽所包含的问题：

1. 问题究竟是如何发生的？

2. 问题的过程是怎样的？

3. 解决问题的流程如何？

4. 下一步应该怎么做？

5. 现在使用哪顶思考帽合适？

6. 决定怎么做？

7. 怎样总结现在的结果？

通过蓝色思考帽，可以做到：

1. 指出不妥当的意见；

2. 找到最不符合现实的方法；

3. 再次集中精神思考；

4. 对问题进行总结；

5. 促使团队做出决策。

红色是情感的色彩，使人做事情有高涨的情绪和坚韧的态度。戴上红色思考帽，思考者可以表现自己的情绪，表达直觉、感受、预感等方面的看法。

红色思考帽所包含的问题：

1. 对问题的直觉是什么？

2. 会不会还有另一种感觉？

3. 对问题还会有怎样的预感？

通过红色思考帽，可以做到：

1. 保持团队执行者的热情；

2. 第一时间感知团队执行者的感受；

3. 促进团队的融合。

◎ 团队中的 1+1 > 2 法则

英格兰男子足球队是世界强队，纵横足坛几十年鲜有对手。进入 21 世纪后，因为英超联赛的繁荣，英格兰人都认为英格兰队很快便能第二次获得世界杯冠军。于是，在 2006 年的德国世界杯上，英格兰球迷自信地认为球队有很大的概率夺冠，并且宣称这支英格兰队是史上最强的。的确，看看他们的阵容吧，从后卫到前锋，每个位置都有世界顶级的巨星压阵。

但现实与理想总是差别很大，英格兰队从小组第一场比赛开始就步履艰难，每一场都赢得很艰辛，丝毫没有展现出强队的风采，终于在四强争夺战中，点球大战败给葡萄牙，遗憾出局。后来，英国媒体开始评论为什么看似强大无比的英格兰队会以如此糟糕地表现出局呢？最终人们发现，防守做得很好，前锋也不错，但中场不给力。

不是说中场的球员不给力，而是人员的搭配出了问题。左前卫乔科尔和右前卫贝克汉姆没有问题，但前腰兰帕德和后腰杰拉德以及哈格里夫斯的搭配出了问题。兰帕德在切尔西俱乐部踢前腰，杰拉德在利物浦俱乐部也踢前腰，两个人风格相同，都想进攻不顾防守，留下哈格里夫斯一个人防守。哈格里夫斯经常是一个人面对对方三名球员的围抢，丢球是必然的，这就让后防线时刻面临着巨大的压力。因此，后院频频起火，前锋能有多少机会呢？

兰帕德和杰拉德在各自的俱乐部中都是头牌，进攻能力超强，主教练不敢将任何一个人从主力位置上撤下，也想依赖两人的进攻能力绞杀对手。不料想，偷鸡不成蚀把米，"两德"相加并没有得到预期的效果，反而相互抵消了战斗力，成了1+1<2的局面，不仅个人没有上佳的表现，整个英格兰队也表现糟糕，成了当时的足坛笑柄。

英格兰队就是一个团队，队员单个能力超强，但组合没有做好，就由老虎变成了病猫。对于一个团队而言，必须要形成1+1>2的局面，否则就难以称得上是一个真正的团队，而只能算是一个松散的工作群体。

所有管理者都期望自己团队成员的力量正向叠加，发挥出"1+1>2"甚至">3"的效果，而不是相互抵消力量。管理者拥有这种美好的愿望并没有错，但应该先弄清这样一个问题——你带领的队伍是一个合格的团队吗？

如果不希望自己带领的团队沦为没有战斗力的乌合之众，就要按照以下三点打造团队：

1. 人心齐

实现"人心齐"，就要提供一个团队成员共同追求的目标。用这个目标为团队成员指引方向、提供原动力，让每名成员自觉地尽力地贡献自己的力量。团队的共同目标一定要有可行性，还要寻找到全体成员内心期望的焦点，要让成员感到公平合理。以后团队不论经历任何风浪，目标都能起到指引方向和凝聚人心的作用。

2. 内部和谐

真正和谐的团队中，每一位成员都能发挥所长，也能各得其所。

首先，员工之间是和谐的。员工无论工作关系还是私人关系都十分融洽，工作时不会将私人感情掺杂其中，影响工作的公正性和合理性。而在私下相处时，又可以摆脱工作的束缚，敞开心扉交流。

其次，制度是和谐的。团队内部有一套完整的、和谐的、人性化的规章制度，可以轻松地约束成员的行为，以达到协调一致的效果。

3. 关系平等

要想让团队真正实现"1+1>2"，必须要将团队成员的合作建立在平等的基础上。如果团队的管理者异常看重权利，时常以权压人，而不是以理服人、以德服人，团队成员一定会心生不满，当成员对管理者有了不满之心时，团队的凝聚力将荡然无存。如果团队成员都紧盯着权力不放，都希望自己能爬上高位，那么团队必将成为争权夺利的战场，团队将毫无和谐性可谈。又比如，团队成员都试图利用操纵、控制他人来完成工作业绩，即便这种操纵相当隐秘，依然会有所暴露，那么团队的氛围也必将是不和谐的。

因此，优秀的团队管理者一定会将任何不和谐因素排除，他们会在团队中建立起平等统一的关系，每个人都会因为工作成绩出色而得到表扬，也都会因为犯错误而受到惩罚。同时，聪明的管理者还会对自己有严格的要求，一方面可以警示团队成员，自己犯错一样重罚；另一方面让所有成员看清楚，团队中没有特殊人物，大家都是平等的。这会增强团队成员的自尊心，激励他们更用心地完成工作。

◎ 由"打工者"到"主人翁"的转变

"公司又不是我开的,盈利不盈利跟我有什么关系?"

"老板给我多少钱,我就干多少活。"

"又说我不尽力,我就是打工的,尽力还能怎么样?"

听到员工发出这样的抱怨后,身为管理者的你是不是会很不高兴呢?每名管理者都希望自己拥有一个高效率的团队,但现实与梦想总有差距。总有一些员工认为公司跟自己没有太大关系,自己只是打工的,挣钱糊口而已,抱着"做一天和尚撞一天钟"的心态,浑浑噩噩地工作着。说到底,这些员工没有主人翁意识。

杰克是一个勤勤恳恳的建筑工人,年过五旬,但为了生活还必须每天爬上爬下,顶着暴雨和烈日。有时候杰克也会抱怨,但只要想想后半辈子的生活,他就会觉得这份干了快一辈子的工作还是值得珍惜的。

有一天,公司的总裁强森来视察即将完工的大楼,在人群中发现杰克。他们像多年不见的老朋友,亲热地交谈了半个小时,然后强森又去别的地方视察。工友们很惊讶,不明白老杰克怎么会和总裁那么亲热,纷纷围上来询问。

杰克有些不好意思地说:"30年前我和总裁强森在同一天进入一家公司成为建筑工人。"

有个工友半开玩笑地问道:"那为什么你还在骄阳下工作,而强森却成为公司总裁呢?"

杰克不无惆怅地说:"30年前我是为了每小时1美元的薪水而工作,但强森和我们不一样,他是为了这个城市的建筑而工作。"

相信很多人都看过这个故事，却很少有人去回味其背后的哲理：杰克和强森同一天在同一家公司参加工作，为什么 30 年后的命运会有如此大的差别呢？根本原因就在于杰克没有主人翁意识，总是抱着打工者的心态；而强森则是为了自己的目标、自己的梦想工作。

日本著名企业家井植薫说："对于一般的员工，我仅要求他们工作 8 个小时，能在上班时间内考虑工作就可以了。对于他们来说，下班之后跨出公司大门，就是自由时间了。如果你只满足于这样的生活，思想上没有想干 16 个小时甚至更多时间的念头，那么你这一辈子只能是一名普通员工。如果不想一辈子平庸，你就应当自觉地在上班以外的时间多想想工作，多想想公司。"

中国有句古话："一个篱笆三个桩，一个好汉三个帮。"成功是靠组织、靠团体，而不是靠个人。只有让团队中的每个成员都树立起主人翁精神，团队才有活力。

一支军队中的士兵如果具备主人翁意识，那么这支军队就能够战无不胜；一个团队中的员工如果具备主人翁意识，那么这支团队就能士气高昂，充满活力，不断进步。

企业管理者，都喜欢向员工强调"把公司当成自己的家"这句话。但管理者在向员工强调"把公司当成自己的家"的时候，也要能"为员工创造一个家"。

日本日立公司有一名叫田中的工程师，他为日立公司工作近 20 年，对他来说，公司就是他的家，因为甚至连他美满的婚姻都是公司为他解决的。原来，日立公司内部设了一个专门为职员架设"鹊桥"的"婚姻介绍所"。日立公司人力资源部的管理人员说：这样做还能起到稳定员工、增强企业凝聚力的作用。

日立"鹊桥"总部设在东京日立保险公司大厦八楼，田中刚进公司，便在同事的鼓动下，把学历、爱好、家庭背景、身高、体重等资料输入"鹊桥"网络。在日立公司，当某名员工递上求偶申请书后，他（她）便有权调阅电脑档案，申请者往往利用休息日坐在沙发上慢慢地、仔细地翻阅这些档案，直到找到满意的对象为止。一旦他（她）被选中，联系人会将挑选方的一切资料寄给被选方，被选方如果同意见面，公司就安排双方约会，约会后双方都必须向联系人报告对对方的看法。

终于有一天，同在日立公司当接线员的富泽惠子走进了田中的生活。他们俩的第一次约会，是在离办公室不远的一家餐厅里共进午餐，这一顿饭吃了大约4个小时。不到一年，他们便结婚了。婚礼是由公司的"月老"操办的，而来宾中70%的人都是田中夫妇的同事。

在团队里营造"家庭的温暖"，员工自然就能一心一意扑在工作上，对团队产生一种"鱼水之情"。这样的管理成效是常见的奖金、晋升所无法比拟的。

一个团队就是一个大家庭，或者说是一台机器，而每个成员都是机器上的一部分。作为团队领导者的你，要想方设法使这台机器正常运行，而员工的主人翁意识则是这台机器得以高效运转的动力。在培养出员工的主人翁意识后，员工就会处处以团队的利益为重，工作时就会从被动变为主动，愿意以实际行动为团队添砖加瓦。

◎ 释放团队成员的个性

有一位团长，他下辖三个营，三位营长性格各不相同：一营营长性格忠诚，讲究"服从命令为军人第一天职"；二营营长是实干派，事必躬亲，营里的工作抓得很细；三营营长极有个性，喜欢标新立异，经常反对上级的意见，但很会打仗。

一次，师部命令他们团进攻敌人的炮兵阵地，为下一步总攻做好准备。团长深知下属三个营长的秉性，下命令时使用了小策略。

团长叫来一营营长，斩钉截铁地命令说："今晚十一点，你营从左翼配合三营，猛烈进攻敌军炮兵阵地。"

团长又叫来二营营长，命令说："上级已经下达进攻敌军炮兵阵地的命令，我要求你营做好准备，待今天深夜十一时三营从正面发动总攻后，你营做预备队，随时准备投入战斗。"

团长最后叫来三营营长，对他说："关于进攻敌军炮兵阵地的计划，我私下认为我们团兵力不足，战斗力也未完全恢复，时机还未成熟，采取行动恐怕会失利，我打算向上级请示，暂缓进攻。"

"不，团长，我们应该马上出击！"三营营长迫不及待地回答道，"我们不可坐失良机。等到敌军站稳脚跟，恐怕就要失去进攻的机会。"

一切正如团长所料。团长随后用肯定的口吻说："说得对，看来应该立即出击。"

"太好了！"三营营长兴奋地说，"让我们营打主攻吧，我们会让您在子夜看到我军军旗插上敌军阵地。"

"好，那就命令你们营在今晚十一时整，从正面向敌军发动总攻。"团长命令道。

最后，三个营协同作战，一举攻克敌军炮兵阵地，取得了胜利。

这位团长有着卓越的领导能力，他的管理方式来于对下属不同性格的把握。他尊重下属，以不同的方式去发布相同的命令，认可下属的个性，又充分发挥了他们的长处，最终起到了最好的激励效果。

我们常说："十个手指不一样齐。"团队中的员工也是一样，每一个人都有自己独特的性格特点。管理者不能一概而论，要根据员工的性格特点和能力，分别对待。这对增强团队战斗力是非常有利的。

优秀的管理者，不仅仅是一个秩序的维持者，也是一个发挥下属最大潜能的高手。每个人都希望自己的价值最大化，这需要管理者给下属创造发挥最大能力的平台，有了这样的平台，员工才能充分发挥优势，同心协力推动团队进步，让团队变得能量巨大，战无不胜。

很久以前，有一位心地善良的富翁，他总是尽力去帮助穷人。一次，富翁想盖一座大房子，他想到有很多穷人无家可归，他要求建筑师把四周屋檐加长一倍，好让这些人在屋檐下能暂时栖身。

房子建成后，果然有许多穷人聚集在屋檐下，晒太阳、聊天，甚至还摆起地摊儿做起了买卖。嘈杂的叫卖声使富翁的家人不堪忍受，经常与穷人发生争吵。渐渐地，穷人少了许多，富翁家人的生活也渐渐恢复了平静。

没过多久，一件令人心酸的事情发生了。在一个冬雪漫天的夜里，一位老者在屋檐下冻死了。人们开始议论纷纷，一致认为富翁为富不仁。后来，富翁决定重修房屋，这次他只要求造小小的屋檐，将省下的钱盖了一个四面有墙、正式的小房子。许多无家可归的人，在这间小房子里获得了庇护，并在临走前询问是谁捐建的。不出几年，富翁成了远近闻名的人。街上的人们评价说："这位富翁是这个世界上最好的人，我们都非常感激他。"

屋檐伸得太长，一片好心变成为富不仁；房子虽小，却是独立空间，因此受人欢迎。这中间的差别值得领导者深思。管理者要想团结一个队伍，并不需要自己施展力量为下属创造多么好的条件，只需要让他们拥有独立的空间，让他们自主地发挥自己的能力，就能取得对双方都有利的效果。

　　管理实践中，我们追求效率的提高，我们的秩序维护和角色分工也都是为这个目的服务的。面对有个性的员工，管理者要认真看待，既不能太过否定，保持了秩序而丧失了活力，又不能太过肯定，扰乱基本的秩序，要在两者之间做出一个平衡，这样才能体现一个管理者的管理水平。

第十章

从优秀到卓越

优秀和卓越的差距在于，优秀能让人仰
视，而卓越能让人凝视。仰视是羡慕，凝视
是崇敬。优秀的团队管理者能将团队的最高
目标定为高效、创新和不断进步，但卓越的
团队管理者将团队的底线设置为高效、创新
和不断进步，他们所带领的团队是难以超越
的，也是不可战胜的。

◎ 习惯决定命运，能力造就卓越

习惯决定性格，性格决定命运。

科学家研究发现，90％的人的智商介于 95 到 120 之间，在正常范围内。个体智商差别不大，即便有些许差距，也可以靠后天的努力弥补。所以，在现实中我们经常看到，一些原本被认为聪明的人，经过多年打拼最终没有什么成就，而一些原本被认为不够聪明、没有出息的人，经过多年磨砺，最终成了人才。这就说明，一个人能否出人头地，智商不是决定性的因素，能起到决定性作用的是人的性格。

也就是说，一个人的成功和失败并不是智力上或能力上的差异造成的，这些都是可以弥补的，关键因素是性格。

作为管理者，要想取得傲人的成就，必须要培养自己非同一般的气质和性格。其实，培养超凡的气质和性格并不复杂，管理者可以通过改变日常生活的习惯来弥补自己性格中的缺陷，让自己的性格逐步趋于完善。

同时要告诫各位管理者，应该尽早培养自己良好的习惯并形成完善的性格，这样事业成功的概率也能更大些。如果一个人到了 50 岁的时候，才认识到自己性格的缺陷，才想起要改变，即便是改正了，他也成了老人，也没有太多机会再创事业了；如果一个人 30 岁时认识到自己性格的缺陷，经过改正后依然有时间可以重新证明自己；如果一个人在 20 岁的时候就已经认识到自己性格中的不足，并开始着手改变，他的人生将比同龄人更加辉煌。

性格就是一棵大树，如果不够完善，就如同大树生病了一样。树干会衍生出许许多多的树枝，树枝上又有许多叶子，这些树枝和树叶就相当于一个人所做的事情，如果这个人性格的缺陷多，所做出的事情多数不会成功，就像树枝和树叶会渐渐枯死一样，最终大树也会枯死。

如果想让自己的性格之树不枯死，就必须逐步完善自己的性格，让自己的性格之树茁壮成长。

能力创造成绩，成绩造就卓越。

能力是评定一个人价值的基础，管理者不必具备多么高超的专业技能，但需要具备滴水不漏的操控本事。当管理者面对一盘棋、一个群体、一线机会或一场竞争时，要能从容面对，从容操控。在管理者的指引下，团队成员能够抓住稍纵即逝的商机，最终在残酷的商业竞争中胜出。

拿破仑·希尔总结出管理者必须具备的六种至关重要的能力：洞察力、思考力、决策力、组织力、领导力、执行力。这不是随便写的，不可颠倒位置，也不可轻易删除添加。

首先，管理者要在竞争激烈的市场里发现机会，这是洞察力；

其次，管理者要了解自己拥有什么条件，也要了解对手拥有的条件，这是思考力；

第三，管理者决定从事什么行业，从哪里切入，是否合作，这是决策力；

第四，管理者确定下属的工作能力，根据能力安排工作，这是组织力；

第五，管理者确保下属听自己指挥，这是领导力；

最后，管理者将自己的理想付诸实践，带领所有员工一起努力，这是执行力。

其中，洞察力、思考力、决策力、领导力、执行力是一个整体，就像一串珠子一样，用一根绳子穿在一起。而组织力就是穿起这一串珠子的绑绳。

具备了组织力，管理者可以将一群散兵游勇组建成一支高效的部队，攻城略地，给敌人以致命打击。通过高效的组织，管理者可以领导下属优化流程，提高效率；合理调整实施方案，分工明确；将重要的资源进行整合、配置，做到充分利用。

只有能力出众的管理者，才能带领下属取得优异的成绩，也只有团队优秀了，才能成就卓越的管理者。

◎ 鼓舞团队士气，引爆团队能量

士气在古代有两种含义，通常指军队的战斗意志，第二种含义是指读书人的"不唯上，不盲从"的节操。

到了现代，士气主要表现在一个人工作和学习的意志上，还表现在一个团队奋勇向前的斗志上。

作为管理者，培养团队的士气，就是培养团队成员的工作态度和责任感。士气不是凭空而来的，也不是几句口号就能带动起来的，员工对待工作的态度依赖于一定的利益驱动，但这种驱动受到个体价值观与责任感的约束，不能表露得过于直接。如果管理者不能整合起有战斗力的团队，员工的价值得不到体现，他们就会更强烈地希望在利益方面得到补偿，就不再会甘心被约束，而是更为直接地提出心中的要求，要求达到了可以继续留下，达不到就走人了。但是，如果管理者打造出战斗力超强的团队，员工在完成工作的同时也获得了归属感和荣誉感，此时团队的成员必定会有饱满的士气。

也就是说，团队士气的提高需要满足三个方面：利益价值、归属地位、荣誉业绩。这就是一个高效团队的成长史！

提高团队的士气有下面两种方法：

1."跟我冲"而不是"给我冲"

在解放军剿匪的战争片里，经常看到这样的场面，土匪头子大喊："给我冲！"解放军军官大喊："同志们，跟我冲！"土匪冲了上去，解放军也冲了上去，解放军锐不可当，土匪没冲几步就被解放军的气势震慑住，跪地投降了。

解放军的军官在与敌人交战时，能身先士卒，率先冲出去，士兵们自然士气大振。而土匪头子让别人卖命，自己却躲在后面，土匪队伍当然不会有士气，必然失败。

作为团队的管理者，如果希望团队成员士气高涨，自己必须主动地积极地去努力，自己首先要冲锋在拼搏的路上，为下属开路搭桥，让下属跟随自己冲锋，以身作则，以"士气带人"。

麦当劳餐厅创始人雷·克洛克说："要推动工作，应该是调动人的求胜欲望，而不能用恐吓或威胁的手段。"这句话的意思是，管理者必须掌握科学的激励方法，从员工的需求出发，与员工站在一个战壕里，这样才能更好地鼓舞士气。

2."感谢员工"而不是"酬谢员工"

美国已故石油大亨保罗·盖蒂曾说："我宁要100个人的1%，不要自己的100%。"管理者尊重并肯定员工的价值，并能真心感谢员工，比敷衍地发点儿酬劳，能更好地鼓舞员工的士气。员工来工作，当然希望工资越高越好，但每个员工的心中都有一本账，都比较清楚自己的能力和位置，知道能力和薪水要成正比，因此员工不会有过分的薪水要求。

但员工工作的另一个更加重要的目的是提高自己，员工希望自己的工作能力越来越出色，这样他们才能在以后得到报酬更加丰厚的工作，实现自己的价值。

通用电气公司前CEO杰克·韦尔奇非常了解员工的心理，他说："员工需要与众不同的奖励和表扬才能激发干劲。公司必须要让员工的精神和荷包都更充实，才能打造人才，留住人才。"

"不想当将军的士兵，不是好士兵"，这是拿破仑的名言。这句话不仅激励着后来的士兵，也激励着所有想要有所作为的人。

士气是高效团队的精神！一个团队，有了士气，才能在困难面前无所畏惧、越挫越勇，才能克服重重困难，取得最后的胜利。

◎ 广交良友，广结善缘

"春秋无义战"，这是读书人对春秋时期战争的评价，意思是说春秋前后几百年的时间里，战争不断，大国间争端频起，虽然都认为己方有理，但实际上所有的理无非都是各国为了追求私利而提出的借口。

当今商海竞争激烈，也如同春秋时期一般，各方争夺于唇齿之间，求存于殊死之际，稍不留神就会被对手蚕食，成为他人成功的垫脚石。为了保住各自的利益，为了能让自己得到更好的发展，人们开始注重人脉，将朋友发展成为自己的"克格勃组织"，一方面帮自己搜集"商业情报"，一方面可以在自己面临危险之际寻求帮助。

现实也证明，人脉不发达的人是很难生存的，更谈不上发展。而人脉广的人，发展之路通常比较顺利，能得到更多的机会。于是，有些人懂了这个道理，也开始拼命发展人脉。但很多人走进了误区，只要是人就结交，不考虑对方是何方神圣？来自哪里？将去何方？心有何想？虽然觉得自己的朋友够多了，却没有真正称得上朋友的人，很多都是酒肉之交和阴险之人。这样的"朋友"如何能为自己的发展添砖加瓦呢？当你有了成绩时，这些"朋友"会来锦上添花，让你高兴万分；当你有了困难需要朋友相助时，这些"朋友"就会露出本来面目，绝不会雪中送炭，而是要落井下石。

作为管理者，更加需要人脉，但绝不能随便交人，不能交"损友"、结"恶缘"，要交"益友"、结"善缘"。损友会损害你的事业，益友才会给你帮助。

在激烈的竞争中，管理者不可能每次都幸运，躲过危机或是成为赢家，总有失利的时候。这个时候，考验管理者的不是应对策略的优劣，因为在困难时期，任何管理者都很难凭借自己的力量冲破困境，必须要借助朋友的相助或者是对手网开一面。

俗话说："没有永远的朋友，只有永远的利益。"在商业竞争中，没有哪个对手是终生的，也没有哪个盟友是终生的，所以对于敌友，管理者不能区分得过于清楚，很可能这一分钟还和你的企业是对手的企业，下一分钟就成了你的企业的盟友；而这一分钟还和你的企业是盟友的企业，下一分钟就成了你的企业的对手。正确处理敌友之间的关系，做到左右逢源，这需要管理者做到"广交良友，广结善缘"。

麦当劳是全球快餐连锁品牌，按照人们的正常思维，麦当劳的管理者应该希望除了自身以外的全世界所有的快餐店铺都关张大吉，但麦当劳的管理者从没有这么想。仅以北京麦当劳为例，麦当劳每年都拿出一大笔钱给那些卖豆浆、卖油条、卖煎饼、卖包子的中国快餐店进行培训。不仅仅是北京，在全世界每一座有麦当劳的城市，麦当劳都在无私地奉献着。

这是非常不可思议的！有记者问麦当劳总裁为何要这样做？为什么要帮助自己的对手？总裁回答说："当大家吃不到别的快餐，只剩下汉堡、薯条和炸鸡时，谁还会再继续来麦当劳呢？好花需要绿叶衬托，好花也需要绿叶来滋养。不仅仅是麦当劳，肯德基也在这么做。"

他的意思多么明确，麦当劳是"好花"，但必须要有"绿叶"来陪衬，这朵"好花"还要有"绿叶"才能活得长久，如果绿叶全部凋谢了，花还能活多久？

当今商业提倡"战略联盟"，就是与同行甚至竞争对手结成联盟，共享资源，这样才能抵御危机，创造辉煌。

◎ 超越自我，实现由"管理者"向"领导者"的蜕变

管理者和领导者是有区别的，领导者是做正确的事，管理者则是正确地做事。具体地说：

领导者创新，管理者复制；

领导者求发展，管理者求稳定；

领导者制造问题，管理者处理问题；

领导者关注人才，管理者关注执行；

领导者眼光看远，管理者目光看近；

领导者激发信任，管理者依靠控制；

…………

由此可见，想成为管理者容易，只要身处管理职位上，就可以被称为管理者，而成为领导者并不是容易的事，除了具备卓越的管理才能外，还要具备卓越的领导才能。

卓越领导力的形成不是一朝一夕之功，而是漫长的积累过程，就像任何一个横空出世的奇迹都是长期积累的结果一样。

久负盛名的美国西点军校，除了传统的教授学生学习科学知识、掌握军事武器和操作技能外，还要培养学生的荣誉感、责任心。经过这种培养，西点军校毕业的学生能成为正直的人，有甘愿奉献的高尚人格。也就是说，在知识、才能、人格三个领域的培养中，西点军校崇尚的是人格为先。

西点军校的独特教育理念，不仅影响着军界，也影响了政界和商界，世界上一大批具有卓越领导力的企业领袖都接受过西点军校式的教育，将培养高尚的人格放在最重要的位置。因为只有高尚的人格才能支撑一个管理者向领导者转变。

因此，管理者应该向优秀的西点军校毕业生看齐，努力让自己成为高尚

的领导者，能在大是大非上坚持原则，坚守底线。管理者不仅自己要做到正直高尚，还要影响下属共同形成正直高尚的品格，让整个团队产生正向的影响力，温暖所有人。

但现实中，我们经常会看到这样的现象，有些管理者表面确实表现得很高尚，内心却有另一种价值观，也就是说内心的价值观与表现出来的价值观相矛盾。管理者必须要理清这种混乱，确保领导行为和价值观相匹配。管理者要完美地输出内心正确的价值观，这是成就"精神领袖"型领导者的必由之路。

此外很多管理者依赖经验进行管理，认为经验可以解决一切。的确，拥有丰富的经验是好事，任何人都梦想自己能在所处领域中拥有丰富的经验，这样可以省去很多时间和精力，少走弯路。但是，凡事有利就有弊，经验往往会使管理者思想僵化，容易走老路，缺乏创新能力，久而久之会导致领导力下降。管理者必须要明白，经验不能代表一切，更不能代表能力，经验只代表了时间的流逝而已。

比如，一个有10年工作经验的管理者，与一个只有1年工作经验的新人相比，难道前者处理问题的能力会比后者强10倍吗？答案是否定的，甚至前者能不能强过后者都不一定。因为，10年工作经验很可能只是在重复，并没有任何提升。因此，管理者在管理时必须要有不破不立的颠覆精神，这样才能永葆进取心，让领导力不断提升。

◎ 营造你的非凡气场

历史上的曹操身材矮小，其貌不扬，但他凭借超群的智慧，统一了北方。一些偏远地区的部族迫于曹操的威名，纷纷前来归附。一名匈奴首领也想归附曹操，但他不知道曹操究竟是怎样的人，想探听清楚曹操是否有能力一统天下，便派使者前来拜访。

曹操因为自己形象差，担心震慑不住匈奴使者，那样传扬出去就不利于自己收服其他部族了。于是，曹操招来一名高大威武、器宇不凡的谋士假扮自己，接见匈奴使者，曹操则手持大刀充当侍卫。

双方会见完毕，曹操派人回访匈奴使者，想了解使者的感想，使者感慨地说："丞相的确很有风度，不过我觉得站在丞相身边的持刀侍卫才是一个真正的英雄。"

这个故事说明，人的气场和影响力很重要。曹操虽然其貌不扬，但气场逼人，让人望而生畏。

不仅是成功人士，气场是每个人都具备的，只是有的人气场大，有的人气场小。当普通人和大领导相遇了，普通人会觉得大领导的气势逼人，自己立即没有了信心，感觉头都抬不起来。而实际情况是，大领导什么都没有做，甚至都没有看普通人一眼。这就是气场的差距，普通人的气场在大领导的气场下完全失去了作用，他们被大领导强大的气场所笼罩，被影响，被征服了。

作为领导者，绝对不能没有气场，而且仅有一般的气场也是不够的。气场表露了管理者的底气，气场彰显了管理者的威严，气场也是成功管理者的标志。

20世纪30年代，希特勒经过几年时间就从一介平民爬到了德国国家元首的位置，其中虽然有很多因素，但希特勒非凡的领袖气场是绝对不容忽视的。希特勒被誉为"天才的演说家"，获得这样的称呼不是偶然的，他演讲时表情坚毅、手势有力、语调铿锵、语气坚定、口才极佳，神态犹如救世主一般。因此，希特勒的演讲能深入人心，很多人都被他的演讲打动，被他无与伦比的强大气场征服。大多数德国民众，无论是上流社会的精英，还是普通民众，都坚定地认为希特勒能够带领德国走向复兴。

我们通过一些现存的影像可以看到希特勒演讲时的状态：

走路的步伐从容不迫，庄严而又稳健；

登上演讲台后，会沉默一段时间，等到听众由人声鼎沸到悄无声息；

一定是抬头、挺胸、瞪大眼睛站在演讲台上；

开始演讲时声音非常低沉，语调平缓，但非常有力度；

演讲过程中，会突然提高音量，极具节奏感地将每一个煽动性的词语呐喊出来；

喜欢挥舞拳头，用一只拳头砸向另一只手的掌心，或者用手指向前方，或是将手掌用力地放开；

整个演讲过程中，他的双眼始终炯炯有神，目光坚定，放射出审视的目光，就像帝王在审视自己的子民；

他的讲话，既能释放出热情，又能表达愤怒、冷淡和蔑视；

…………

这就是希特勒的气场，这样的气场作为企业的管理者也必须具备。神态、目光、动作、手势、语气等多个细节，都能体现出强大的气场。

知道了气场的重要性，如何能让自己具备强大的气场呢？其实并不难，通过坚持不懈的训练就能实现。

希特勒的气场不是天生就具备的，其实任何成功人士的强大气场都不是先天的，都是经过后天不断的锻炼，才培养出的。

年轻时的希特勒是个腼腆、沉默的人，虽然他口才很好，开始时却并不适应政治活动，也曾被纳粹党的同僚批评缺乏组织和领导才能。直到他在纳粹党内崛起，他意识到了自己缺少可以震慑他人心灵的能力，便开始刻意训练。他的铁杆支持者、后来第三帝国的宣传部长戈培尔找来了著名演员做希特勒的形象教练，对希特勒的一举一动进行训练。比如：如何和人打招呼？如何步入会场？如何走下汽车？怎样和人握手？如何演讲？很多方面都进行了精心设计。随后希特勒开始了刻苦训练，有时在一些重大活动前，他都要提前排练到深夜，这才有了强大气场。

所以说，气场是必须要经过后天训练才能形成的。犹太人有句谚语："不会不要紧，你可以先装扮成'那个样子'，直到你成为'那个样子'。"参照气场十足的管理者的行为举止和说话方式，你也会成为气场十足的管理者，还可能会青出于蓝而胜于蓝，这样必将获得非凡的影响力。

一个人对他人的印象，约有7%取决于谈话的内容，38%取决于辅助表达的方法、手势和语气，55%取决于肢体动作，这就是管理学上的"梅拉宾法则"。辅助表达的方法、手势和语气以及肢体语言，是决定一个人气场的关键因素。

气场，是一种非凡影响力。渴望具备个人影响力的管理者，必须要具备超强的气场。

◎ 管理，是一个发挥影响力的过程

清末太平天国运动兴起，一度占领江南大部，清政府苦战数年，但屡战屡败。最终，还是依靠曾国藩率领的湘军稳定了局势，同太平军形成了势均力敌的对峙态势。

1858年，朝廷任命翁同书出任安徽巡抚。安徽是湘军与太平军作战的主战场，战火纷飞。翁同书没什么功绩，因为父亲翁心存是朝廷的军机大臣，因此才当上了大官。翁同书没有任何军事才能，看着太平军在安徽驰骋，他如坐针毡，没有任何办法，只能不断向湘军求援。

有一次与太平军作战时，翁同书不仅没有率军坚守，反而不顾廉耻，第一个弃城逃走。当时正全力围剿太平军的湘军统帅曾国藩担任两江总督，下属翁同书做出此等不齿之举，他气愤异常。曾国藩有心参劾翁同书，但想到一般力度的奏折递上去起不到什么作用，因为翁心存在朝中势力太大。但如果就此放过翁同书，以后的仗还怎么打，谁还听自己的指挥，大家的心里还能服气吗？

曾国藩的多名幕僚先后起草了几份奏折，曾国藩读后都不满意，认为起不到什么作用。必须让慈禧太后、朝廷大臣甚至翁心存都找不到袒护翁同书的理由，才能治翁同书的罪。就在曾国藩感到难办时，学生李鸿章送来一份自己起草的奏折，曾国藩看后击掌称赞。奏折中的一句话，让曾国藩觉得妙不可言，他还在上面画了十几个圆圈重点标注出来，那句话是："臣职分所在，例应纠参，不敢因翁同书之门第鼎盛，瞻顾迁就。"

奏折递到北京，慈禧太后看后，有心帮翁心存父子，但她仔细品味了"臣职分所在，例应纠参，不敢因翁同书之门第鼎盛，瞻顾迁就"这句话，感觉不能帮。便将奏折传给大臣们看，大臣们看后没有一个替翁同书求情的，连翁心存也觉得底气不足，吃了哑巴亏。后来，慈禧太后传旨，将翁同书削职为民，发配到新疆充军。

为什么李鸿章写的那句话能有如此大的威力呢？

这句话的确够"狠"，影响力直透老佛爷心坎儿，就算她看在翁心存的面子上想保翁同书也没法说出来。如果她保了，正好中了李鸿章的圈套，慈禧就等于告诉天下人，自己保翁同书显然是因为翁家"门第鼎盛"而"瞻顾迁就"。李鸿章施展了自己的影响力，老师曾国藩连面都没露，区区一份奏折，就"将了老佛爷的军"，还让老佛爷无话可说。

同时，这份奏折的影响力还不仅限于此，奏折中的那句话也将翁家在朝中的所有同党"将死"了，他们都被架在了不畏权势的'忠良'的位子上，他们若想帮翁同书说话，就成了畏惧翁家"门第鼎盛"而说了言不由衷的假话的人。此外，翁心存在没有同僚的支援下也不敢轻举妄动，只能眼睁睁看着儿子远赴新疆充军。

李鸿章的高明之处在于"杀人不见血"，他的一份奏折就能影响甚至决定千里之外的朝廷决策，由于这次漂亮的登场亮相，让李鸿章在同僚乃至曾国藩眼中的影响力也开始急剧攀升，曾国藩发现此人可堪重用，就让他去上海办淮军，李鸿章由此踏上了飞黄腾达之路。

由此可见管理者的影响力对事情的发展起着多么关键的作用。如果一个管理者仅懂得管理，而没有影响力，这个管理者所带领的团队的成员将"各怀心事"，毫无凝聚力可言。因为影响力不仅仅是管理者在员工心中地位的凸显，也是管理者能否领导员工走向辉煌的表现。一个管理者如果连最基本的领导影响力都不具备，哪个员工会相信这样的领导能带领他们在激烈的商海拼杀中获得丰厚的回报呢？

那么，管理者如何才能形成自己的影响力呢？其实，一个具有卓越影响力的管理者，需要的素质是多种多样的，包括个人专业能力、领导力、个人魅力、管理水平、融合团队的能力等，但最根本的还是个人性格因素。下面从几个方面做详细剖析：

1. 独立人格

管理学有这样一句话："性格决定命运。"可见性格对人一生的影响之大。性格学大师斯塔洛·潘采尔对世界上杰出的成功人士做过一项调查，目的是想发现这些人究竟有什么共同点。五年的调查结束后，潘采尔发现，这些成功人士完全没有标准，他们当中有人内向，有人外向；有人善于规避风险，有人则喜欢冒险；有人能说会道，有人沉默寡言；有人粗犷豪放，有人心思缜密。

这让潘采尔感到困惑，经过更加仔细的分析，他终于发现，无论他们之间的差别有多大，但有一个核心因素确实是每个人都具备的，那就是独立的人格。

管理者具备独立人格的关键是对自己负责，能够独立思考。对上不卑躬屈膝，对下不盛气凌人，对同级不自恃清高。而一个缺乏独立人格的管理者，往往对上依赖，对下傲慢，对同级不懂协作，这样的管理者没有丝毫影响力可言。

2. 强大的自制力

成功总是属于那些自制力强大的人，他们能耐得住寂寞，经得住诱惑，坚韧不拔。同样，一名管理者，如果想在下属面前更有说服力，就必须足够自制，正人先正己。

著名教育家、南开大学的创办人张伯苓就是自制力超强的人。他的教育理念是"正人者必先正己，要教育学生，必先教育自己"。一次，他看到一名学生经常抽烟，手指都被烟熏得蜡黄。他把这名学生叫进办公室，严厉训斥。学生并不服气，指着张伯苓桌子上的烟袋开始反驳。张伯苓没有以校长的权威强令学生，而是直接将烟袋扔进垃圾桶，从此以后再不抽烟。

3. 高尚的品行

南开大学创办之初，资金很紧张，基本上都要靠张伯苓去美国募捐。他当时进行的募捐活动，别人对具体细节毫不知情，他完全可以将其中一部分中饱私囊，但他不肯这么做，也不屑于这么做，总是将募捐款分毫不差地送交南开账户。1951 年，张伯苓在天津病逝，他的全部家当仅仅是当月的伙食费。

一名合格的管理者，必须要具备高尚的品质，对企业要忠诚，对员工要诚实，在是非面前坚持原则，不因为私利而践踏原则。在工作中实事求是，出现失误后勇于面对，敢于承担责任，及时改正。如果一个管理者的行为令人不齿，自然也不可能有多少影响力。

◎ 施展自己的非权力影响力

甲对乙说:"你刚刚那样申斥你的员工可不好,员工会有抵触情绪的,以后就不会好好工作了。"

乙满不在乎地说:"我是老板,他们是打工的,他们当然得接受我的领导,难道还要我对他们点头哈腰求他们干活不成!"

有乙这样想法的管理者在现实中不在少数,认为自己是管理者,有领导权,下属必须接受自己的领导。这样的领导会看到,下属们都很听话,从不反驳他,真正做到了"领导指哪儿,下属打哪儿"。但或许领导并不知道,这只是表象,下属一定不是心甘情愿这样做的。

卓越的管理者不会以权力制约下属,他们懂得让下属发自内心地跟随,并不是因为自己位高权重,而是因为自己德高望重。

上述问题就是管理学的命题之一,即"权力和管理者影响力之间的关系"。管理学通常认为,权力性影响力和非权力性影响力是构成管理者影响力的两大组成部分。

权力性影响力又称为强制性影响力,影响力的源泉是权力。权力性影响力对他人的影响带有强迫性、不可抗拒性,需要通过外部推力来发挥作用,一旦外部推力消失,影响力将荡然无存。权力性影响力总是与强权分不开,因此这种影响力对下属行为的影响力巨大,但对心理的影响力很小,维持的时间由掌权的期限决定。

权力性影响力的致命弱点是权力会消失,也就是说靠权力累积的影响力,其实是虚幻的,不真实的,不构成真正的影响力。

另一种是非权力性影响力,也被称为非强制性影响力,其源泉是管理者个人的魅力和专业素养。非权力性影响力在管理者与被管理者之间可以形成相互感召和相互依赖，这种影响力可以持久，与权力的存在与否没有多少关系。构成非权力性影响力的因素主要有：品格因素、才能因素、知识因素、情感因素、共识因素。

特蕾莎修女是阿尔巴尼亚后裔，在英国接受了良好的教育，少年时进入修道院。学成后，特蕾莎修女来到印度加尔各答，一心照顾穷人、病人、孤独的人、垂死的人。在印度几十年，特蕾莎修女从来不穿鞋，因为她发现印度民众生活太苦了，都没有鞋穿，如果自己穿上鞋，会拉大同民众的距离，于是她便常年赤脚。

一次，戴安娜王妃访问印度，专程到加尔各答来看望特蕾莎修女，王妃发现年过八旬的特蕾莎修女竟然没有穿鞋，而自己的脚上穿着一双镶嵌着钻石的白色高跟鞋，她感到非常羞愧。

后来，南斯拉夫爆发科索沃战争，这是特蕾莎修女的出生地，她回到家乡，看到战区有很多妇女儿童来不及转移，就去找一方的军事指挥官，要求立即停火，解救难民。指挥官无奈地说："这是战争啊！对方不停火，我方停火，就会失败，我承担不起责任啊！"

特蕾莎修女又找到另一方，要求停火，另一方指挥官的回答也如出一辙，不同意停火。

特蕾莎修女没有继续劝说，她决定走进战区，去解救难民。当德蕾莎进入战区后，不可思议的事情发生了，交战双方听说德蕾莎修女出现在战区中，竟然不约而同地立刻停火，直到修女将那些可怜的难民带出战区，双方才恢复交战。

当时的联合国秘书长安南得知这一消息，感慨地说："这件事，世界上任何一个国家的最高元首都办不到。"的确，此前联合国已经组织各国调停数次了，仍然没有取得任何进展，双方依然开战了，过程中也从来没有停火。

而事实上，特蕾莎修女并没有任何职务，也没有任何行政上的权力，甚至连一点儿钱都没有，然而她却能在公众中树立自己的巨大影响力。

罗伯特·塔克在《政治领导论》中称特蕾莎修女为人类的"非委任领袖"。没有权力并不意味着没有影响力，而有了权力，也并不一定就意味着有了影响力。作为一个管理者，着力提升自己的人格魅力，着力去培养自己的非权力影响力，是一项重要的任务。

管理者若想让自己的影响力达到一种较为理想的状态，权力性影响力和非权力性影响力都是必不可少的。有科学家指出："99%的非权力影响力与1%的权力影响力，组成了领导的成功定律。"

纵观古今中外成大事的领导者，他们卓越的领导力往往不是由手中的权力带来的，而是通过他们的非权力性影响力来体现的，也就是高尚的人格魅力。人格魅力散发出来的光芒，能一直吸引着众人矢志不渝地追随领导者的脚步。

美国历史上最伟大的总统——富兰克林·德拉诺·罗斯福，就是以超凡的非权力性影响力成为美国历史上唯一连任四届的总统。海因茨·亚当说："如果罗斯福召集联邦安全委员会的一万三千人集体站在亨纳达大桥上，并喊一声'跳'，所有人都会跳进水流湍急的密西西比河里，这就是人格的魅力，也是忠诚的力量。"

一个人的职位和权力是有限的，而非权力性影响力却是无限的，在人类精神文明发展史上折射出永不磨灭的光芒。

◎ 自主管理，无为而治

卓越团队表现为每名成员都能自主管理，主动学习，不断激励自己奋发向上，为团队的强大贡献自己的力量，让自己和团队一同成长。

自主管理是卓越团队成员必须具备的第一要素。每个人的内心都是抗拒被他人管理的，被管理不仅让自己失去自由，也会失去尊严。人们的潜意识都认为被管理是因为自己做得不够好，不然别人为什么一直管着自己呢？

如果管理者让下属感觉自己失去了尊严，即便给下属再高的工资和福利，也不会让下属的内心产生感激。每一名员工都渴望受到尊重，管理者的赏识就是对员工最大的尊重，当员工的自尊心得到满足后，会从内心迸发出无限的热情，这样的热情可以带来工作的动力，也能给企业带来意想不到的利益。

管理者赏识员工的最好方法，是让下属参与到实际工作计划的制订中，并以真诚的态度和下属交流，商讨具体的执行策略，然后由下属具体执行，管理者却不能时时监控，要对下属有充分的信任。因此，管理者和下属之间不是控制与被控制的关系，而是相互依存，以共同完成工作、共同进步为目的，这样就实现了真正意义上的自我管理。

海尔首席执行官张瑞敏说："'为自己'工作和'为老板'工作有着本质的区别。让员工进行自我管理的意义就在于让他们的观念由'为领导学习''为领导工作'到'为自己学习''为自己工作'的转变。"

张瑞敏认为：企业对员工承担的责任不仅仅在于发工资维持其生存，还要为员工提供从事创造性劳动、发展和提高自己的机会和条件。

要实现自主管理，管理者必须摆脱控制一切的心态，不要事事插手，管理者必须懂得后退，将权力尽可能交出来，实现"无为而治"的理想管理境界。这样能让每一名团队成员实现从"他处借力"到"自主给力"，实现自主管理。当然，管理者也必须把握放权的过程和尺度，自主管理不是自由管理，无为而治也不是毫无作为，管理者必须从企业的实际情况出发，以最合理的方式实现无为而治。

1. 该撒手时要撒手

管理者要想"无为"，就要让"团队"有位，管理者必须退到二线，将团队推到一线，让团队发挥最大的作用。在团队开始执行后，管理者必须撒手，让团队成员自由发挥，自己管理自己的工作，管理者只需要对分段的结果进行及时考核便可。一个真正成功的管理者，不在于他会做多少事，做了多少事，而在于他能否清楚地了解团队每名成员的优势和不足，是否能在最恰当的时候派最合适的下属做最擅长的事情，这是发挥团队合力的基础。

戴尔公司是麦克·戴尔读大学时创立的，他为了经营好自己的公司，不惜辍学。创业伊始，戴尔非常忙碌，养成了晚睡晚起的习惯。那时候，公司的钥匙都由戴尔掌管，他必须每天早上九点半赶到公司开门，只要戴尔睡过了头，公司的二十几名员工就只能在门外等候。

由于戴尔经常迟到，公司很少能在九点半准时开门，这引起了员工的不满，大家也知道老板的作息时间，有些十点多来上班，有些干脆吃了午饭才来。戴尔要求员工上班要准时，但员工说："钥匙在你那里，你经常迟到，我们准时了有什么用！"

戴尔哑口无言，他意识到公司的管理出了问题，必须要进行调整。一天开会，戴尔郑重地说，从明天开始，上班时间调整到八点半，每个办公室的钥匙都会下发，你们自己来开门，不允许迟到，迟到要受到处罚。当天下班前，戴尔果然下发了钥匙。从此以后，员工再没有迟到过，戴尔也不用每天早晨痛苦地起床来开门了，他每晚可以尽情地工作到很晚。

戴尔的经历告诉我们，管理者应该将大部分"钥匙"交给员工，让员工自己去打开工作中遇到的每一把"锁"，而不能总替员工控制工作，那样员工得不到成长，管理者也会身心俱疲。

2. 建立制度作保障

不要认为实行了"无为而治"，就不需要制度，全凭员工自己约束就可以了。试想，如果没有了制度约束，员工还能做好"自主管理"吗？员工在工作中会认真努力吗？肯定不会，没有了制度，也就意味着没有了约束，没有了奖励，没有了惩罚，员工尽心工作得不到表扬，工作有了错误也不会受到惩罚，时间长了，必将形成自由散漫的作风，这就彻底违背了自主管理的初衷。

因此，规章制度是团队各项生产经营活动的基本保证。团队成员在经历了严格的制度管理阶段后，各项管理才能从无序状态走向有序状态。也就是说，必须经历"制度管理"，才能向"自主管理"迈进。这是一个循序渐进的过程，是一个从量变到质变的飞跃。

3. 善于发挥自己的影响力

团队的高速运转，70%靠制度体系推动，30%靠管理者的卓越领导力来拉动，这样团队才会拧成一股绳。卓越的管理者一定有长远的战略眼光，也有缜密细腻的短期战术，具备领导团队步步向前的坚强毅力。管理者要善于发挥自己的影响力，不以权压人，而是以权恕人，以权宽人，激励和引导下属发挥才能，带领全体成员高效、完美地完成既定目标。

4. 树立良好的团队文化

一个卓越的团队，必须用积极向上的团队文化来引导员工的行为。在团队运行的过程中，要善于总结已有的经营理念，比如：企业使命、企业目标、企业精神、人才引进方略等，进而通过完善制度、强化管理者领导力等形式，灌输给员工，让员工形成健康向上的心理状态，能够以饱满的热情投入到工作中。这样，团队才具有凝聚力和向心力，才能长期高效运转，企业也才会得到良好的发展。

卓越团队管理者的 100 条黄金法则

1.古今中外所有的伟大领导者，都有着坚定的信念。如果领导者摇摆不定，跟随他的人便会时刻处于焦虑之中。下属没有安全感，对领导就不可能有信任感。

2.管理者是团队的核心，是指引团队走向和发展的风向标。管理者首先要管住自己的嘴巴，话不能多说，更不能乱说，因为管理者的话不是代表他个人，而是代表整个团队。

3.领导者用自身标准的行动代替命令，既能带给下属动力，也能带给下属压力，领导者告诉下属的无声言语是："我既然能越过标杆，你们也一样可以，快去超越吧！"

4.优秀的管理者，一定能做到交际广泛，能够为企业和团队的发展指出光明的前景，善于让下属的能力得到充分发挥，并且第一时间认可下属的努力。

5.管理者如果能了解很多业内机密信息，他的下属就会对他产生"敬畏感"。

6.理想的管理者与下属的关系就如同如来佛与孙悟空的关系，管理者希望下属个个都是会七十二般变化的齐天大圣，但自己也应该是法力无边的如来佛，孙悟空再怎么厉害也跳不出如来佛的手心，这叫作"有效控制"。

7.蒙牛集团的创始人牛根生说："凡系统，开放则生，封闭则死。人亦如此。"作为团队的领导者，必须与人为善，汲取新知，心胸开阔，使自己的精神和知识常新，生命能量才能源源不竭。

8.作为领导者，首先要公平地看待每一位下属，按照规章制度办事，工作效率高的要奖励，工作效率低的要惩罚。

9.优秀的领导者不会因为一时的义气而冲动，冲动是魔鬼，魔鬼引导我们做的事情只能是麻烦，不可能有好事。

10.管理者能让员工当成主心骨，带给员工安全感，员工便能一心跟随管理者的步伐完成工作，同时实现自己的人生目标。

11.人生难免都有不开心、不如意的时候，管理者因为面临的事情纷繁复杂，烦恼的时候会更多，但无论如何，都不能萎靡不振甚至垂头丧气。

12.台塑集团创办人王永庆曾说："作为企业家，要带出一支执行力和胜任力兼备的队伍并非易事。企业家也是人，有着做人和成事的双重难处。因此，管理者若想有所成就，必须学会为人处世，要低调做人，高调做事，这样才能促进队伍不断成长。"

13.在团队中，要求下属以怎样的态度对待工作，领导者就要以怎样的态度对待自己的工作。

14.真正想要将企业做大，屹立于商海大潮之中，领导者必须要有胆识、有魄力，对于已经不能再用的人，对于给公司造成恶劣影响的人，决不能一再容忍、徒增困扰。

15.美国财星顾问集团总裁史蒂文·布朗说："管理者若想将管理才能发挥到最佳，必须要勇于承担责任。"

16.问责从领导开始，奖励从下属开始，这是一名优秀领导人必须具备的胸怀。

17.领导必须承担团队的所有责任，即便错误不是自己造成的，也要第一个站出来承担。

18.好的管理要因人而异，因时而变，讲究人性化。既不能定死规矩，一成不变；也不能摒弃原则，随意变动。

19.领导者要明白这一点，员工是企业最大的财富，只有让员工都成为精兵，团队效率才能芝麻开花节节高。

20.团队的凝聚力是团队战斗力的关键指数，凝聚力高，战斗力就一定高；凝聚力差，战斗力绝不会强。

21.这个世界上，有两种人绝对不会成功：一种是除非别人要他做，否则绝不会主动负责的人；另一种则是别人即使让他做，他也做不好的人。

22. 管理者要以身作则，用自己的善意温暖员工的心，让员工在不知不觉间产生感恩之心。

23. 作为管理者必须明白：感恩和责任作为职业精神的源头，是现代企业和员工实现和谐多赢的核心动力。

24. 管理大师戴尔·卡耐基这样说："团队成员最希望管理者能正确指引目标和方向；而管理者最希望员工能坚定地朝着目标努力。"

25. 团队仅仅有长期远大的目标是远远不够的，还必须和所有成员的目标、期望值结合起来，形成共同的目标。这个共同目标能够激发团队成员的内在潜能，达到调动员工积极性的目的。同时，也是团队目标以人为本、尊重个人的体现。

26. 沟通在管理中有多重要，我们来看看松下幸之助的观点，他说："企业管理过去是沟通，现在是沟通，未来还是沟通。"

27. 管理的核心就是沟通，管理的成功源于沟通，这是很多顶级企业家和管理专家的共识。因此，管理的过程，实质就是沟通的过程。

28. 沟通的目的不是说服，而是寻求支持、理解、合作。卡耐基说："沟通如果仅仅只是试图说服别人，那么除了说服本身，你不会得到任何东西。"

29. 管理者认识中有一个误区：认为企业中上下意见一致、思想统一、执行有力，才是管理最有效率的保证，也是管理者权威的体现。箭牌口香糖CEO威廉·瑞格理曾说："如果下级的意见永远和上级一致，就表示下级已经不在意公司的利益了。"

30.对一个管理者来说，最大的危险不是下级经常提出反对的建议，而是下级从来不会提出反对意见。优秀的管理者周围要有一批敢于发表不同意见的人，这有利于他集合多方面的信息，做出最完美的决策。

31.宁可错过商机，也不盲目行事。错过了商机可以在日后弥补。要明白这一点，稍纵即逝的商机其实是少数，大多数商机都是可持续发掘的。管理者只有正确决策，才能真正牢牢地抓住商机。

32.管理者必须要包容下属的不同意见，即便意见是狂妄的、无理的，管理者也必须以广阔的胸怀接纳。管理者要明白，在管理中，下属提出的反对意见不是"毒药"，而是改进决策的"药方"。

33.批评就是一门直击心灵的艺术，用好了可以让管理者与下属心连心，而运用不好，可以让下属与管理者离心离德。

34.管理者也必须尊重下属，而不是利用所掌握的权力对下属大肆批评。其实，做错事的人最希望的是得到别人的指正，而不是被人劈头盖脸地指责。

35.管理者批评犯错误的下属，一定要做到因人而异、因事而异、因时而异、因地而异，慎重地选择批评的方式，要尊重下属的自尊心，才能让批评收获最佳的效果。

36.想成为一名出色的中层领导，并且有晋升高位的机会，学会和上级沟通是非常重要的。

37.团队中最核心的信息都应该被最高管理者所掌握、驾驭、运用，才能为团队做出最正确的决策，让团队在竞争中占得先机。

38.作为管理者要放下架子，融入团队成员中，将团队成员当作亲人，这样团队成员才能逐渐打开心扉，把管理者当作可以依赖的人，这样的团队才是有凝聚力的。

39.管理专家大卫·林德菲尔德研究企业破产因素时发现，世界上破产企业的破产原因有87％在于决策失误。可见决策正确与否，直接影响企业的生死存亡。

40.凡是优秀的管理者，都能将企业或团队带领得生龙活虎，企业或团队的每一个组成个体都有着极强的单兵作战能力，当这些单兵组合在一起时，形成的合力简直超乎人的想象。

41.打造凝聚力强的团队，核心在团队带头人。带头人若能做到完美，团队必定完美，带头人不合格，团队也将毫无战斗力。

42.成功与失败，生存与死亡，有时只差一步。作为管理者，想要获得成功的喜悦、胜利的微笑、王者的风范，就必须永远比对手"快一步"。

43.管理企业也要像放风筝一样，要给风筝一定的自由空间，任其高飞，但手中永远要掌握住风筝线，这样就不怕风筝会飞走了。

44.杰克·韦尔奇说："管得越少，成效越好。"管理者管得少是对企业制度的信任，是对下属的信任，更是对自己的信任，因为制度是管理者定的，人才是管理者任用的。

45.企业能否良性、健康、快速地发展，首先要看制度是否完善，然后看企业内部人员从上而下的执行力。

46.企业在制定制度时首先要以提高执行力为原则，一切制度都是为了提高执行力而服务的。

47.员工的执行力＝员工的基本素质＋员工的工作经验＋员工的工作熟练程度＋现代化工具。

48.态度决定能力，态度决定高度。如果一个人有一流的态度，只有三流的能力，那么这个人的能力会逐渐提升到一流；但如果员工有一流的能力、三流的态度，那么这个人的能力必将滑落为三流。

49.管理者就像是世界级交响乐团的指挥，每名演奏家都是音乐大师，但他们仍然需要一名指挥来协调彼此。

50.员工的行为很大程度上会受领导者行为的影响，员工往往会以领导者的行为风格作为自己的榜样。

51.随着商业竞争的日益残酷，企业必须紧跟时代发展的步伐，同时企业也更需要忠诚、负责和工作积极主动的员工。

52.一个成功的人，不会只有目标而没有方法。作为企业的管理者，更不能只有目标，必须要有实现目标的方法。

53.敬业为立业之本，不敬业者终究一事无成。

54.只有把职业当成事业，热爱自己工作的人，才会更加努力地去钻研、去探索，从而不断提高自己的工作能力。唯有那些对工作怀有高度敬业精神的人，才能成就事业。

55.凡事预则立，不预则废。任何人做任何事情，想要取得成功，都必须要制订周密的计划，并且按照计划实行。

56.管理学中的一句名言是这样说的："垃圾是放错了位置的人才。"

57.没有平庸的人，只有平庸的管理。

58.心理学研究表明，物质奖励能起到短期效应，精神激励有中期效应，而目标奖励具有长期效应。

59.目标激励是深入员工内心的激励，会让员工产生无穷的动力。

60.管理者每天面临的事情很多，问题也会接连不断地发生，但不是所有的事情都重要，其中一定分轻重缓急，需要管理者自行判断。

61.管理者的思维方式和领导能力，直接决定企业的成败得失。

62.管理者在架构自己的团队时，也必须考虑到团队的持续学习能力，只有坚持学习的团队，才可以走在创新和变革的前沿，才不会被残酷的商业竞争淘汰。

63.团队有了学习蓝图，员工能够更深入理解学习内容和学习目标之间的关联性，从而制订出自己在团队中职业发展的途径。

64.企业竞争主要表现为产品和服务的竞争，产品竞争实质是技术和创新能力的竞争，而技术竞争本质上又是人才的竞争，而人才竞争的背后其实是团队学习力的竞争。

65.作为管理者必须引领企业专注于最擅长的领域，而不是面面俱到。人没有多少精力，企业也没有多大的优势，即便是再强大的企业，如果涉足的领域过多，也会被拖垮。

66.抛弃惯性思维是非常有必要的，只有学会逆向思考问题，才能得出不一样的结论，才能做到真正的创新。

67.聪明的管理者应该鼓励员工有自己的想法，即便想法不着边际，天马行空一般，也要让员工敢于去想，并且能够表达出来。要知道，世界上任何一项伟大发明，几乎都源自天马行空的想法。

68.员工真的配得上荣誉和奖励时，管理者一定要及时给予表彰和奖励，不能冷却了员工的工作热情。

69.作为一名管理者，培养员工的危机意识是十分必要的。有了强烈的危机意识，才能使团队团结起来，形成强大的合力。

70.只有在危机发生前做好了充分的准备，对各种可能发生的危机了如指掌，才能从容不迫地应变，游刃有余地解决危机。

71. 企业管理如同登山，所到达的位置越高，危险当然就越大。一旦失手，就会万劫不复。

72. 危机处理，最能体现管理者的领导力和情商。一个成功的管理者，其智慧与才能，正是在应对危机的过程中逐步提高的。

73. 战胜危机不能只让员工上，管理者要首先冲上去，站在风雨最猛烈的位置，用坚定不移的信念传递给员工力量，用冷静和智慧指引团队突破危机。

74. 让别人奉献，自己首先要奉献；让别人牺牲，自己就要先牺牲。

75. 优秀的管理者从不惧怕冲突，他们知道冲突管理通常是驱动团队变革的最大动力，只要处理得当，可以给冲突中的双方带来双赢的局面，能够给团队带来更多变革，帮助管理者改善组织内部的关系。

76. 人生其实也是这样，在有后路可退时，总是不能全力以赴地向前冲，而只有在退无可退的时候，才会全力以赴，拿出所向无敌的气势。

77. 高情商的领导者懂得在企业面临危机或即将破产时，运用"置之死地而后生"的办法，来鼓舞员工的士气，使员工发挥出超常的能力，从而走出当前的困境，转危为安。

78. 破釜沉舟是企业管理者在危急关头使用的一种极端的应变策略，这一策略的使用必须慎之又慎，不到最后一刻绝不能轻易使用。

79. 危机不会因为人们的害怕和懦弱而自行消失，管理者必须要拿出百分之百的勇气进行抗争。敢于抗争就有胜利的希望，妥协只能一输到底。

80. 在管理者和团队成员因为分歧而有矛盾时，管理者应采取换位思考的方式，站在员工的立场思考问题，深刻探究矛盾的根源，根据实际情况客观理智地化解矛盾。

81. 管理者要跳出自己的"一亩三分地"，多向高处看，向远处看，放眼更大的世界，始终关注团队的长远目标和战略，胸中装有大目标、大战略，考虑问题要有大格局和前瞻性。

82. 优秀的团队管理者一定会将任何不和谐因素排除，他们会在团队中建立起平等统一的关系，每个人都会因为工作成绩出色而得到表扬，也都会因为犯错误而受到惩罚。

83. 在团队里营造"家庭的温暖"，员工自然就能一心一意扑在工作上，对团队产生一种"鱼水之情"。这样的管理成效是常见的奖金、晋升所无法比拟的。

84. 在培养出员工的主人翁意识后，员工就会处处以团队的利益为重，工作态度就会从被动变为主动，愿意以实际行动为团队添砖加瓦。

85. 做管理时，管理者不能一概而论，要根据员工的性格特点和能力，分别对待。这对增强团队战斗力是非常有利的。

86. 优秀的管理者，不仅仅是一个秩序的维持者，也是一个发挥下属最大潜能的高手。

87.面对有个性的员工，管理者要认真看待，既不能太过否定，保持了秩序而丧失了活力，又不能太过肯定，扰乱基本的秩序，要在两者之间找到一个平衡点。

88.一个人的成功和失败并不是智力上或能力上的差异造成的，这些都是可以弥补的，关键因素在于性格。

89.管理者不必具备多么高超的专业技能，但是必须具备滴水不漏的操控本事。

90.团队士气的提高需要满足三个方面：利益价值、归属地位、荣誉业绩。

91.麦当劳创始人雷·克罗克说："要推动工作，应该调动人的求胜欲望，而不能用恐吓或威胁的手段。"这句话的意思是，管理者必须掌握科学的激励方法，从员工的需求出发，与员工站在一个战壕里，这样才能更好地鼓舞士气。

92.作为管理者，更加需要人脉，但绝不能随便交人，不能交"损友"、结"恶缘"，要交"益友"、结"善缘"。损友会损害你的事业，益友才会给你帮助。

93.管理者要完美地输出内心中正确的价值观，这是成就"精神领袖"型领导者的必由之路。

94.一个人对他人的印象，约有7％取决于谈话的内容，38％取决于辅助表达的方法、手势和语气，55％取决于肢体动作，这就是管理学上的"梅拉宾法则"。辅助表达的方法、手势和语气以及肢体语言，是决定一个人气场的关键因素。

95. 气场，是一种非凡影响力。渴望建立个人影响力的管理者，必须要具备超强的气场。

96. 管理者若想让自己的影响力达到一种较为理想的状态，权力性影响力和非权力性影响力都是必不可少的。有科学家指出："99％的非权力影响力与1％的权力影响力，组成了领导的成功定律。"

97. 管理者要想"无为"，就要让"团队"有位，管理者必须退到二线，将团队推到一线，让团队发挥最大的作用。

98. 团队成员在经历了严格的制度管理阶段后，各项管理才能从无序状态走向有序状态。也就是说，必须经历"制度管理"，才能向"自主管理"迈进。这是一个循序渐进的过程，是一个从量变到质变的飞跃。

99. 团队的高速运转，70％靠制度体系推动，30％靠管理者的卓越领导力来拉动，这样团队才会拧成一股绳。

100. 卓越领导力的形成不是一朝一夕之功，必须经历漫长的积累过程，就像任何一个横空出世的奇迹都是长期积累的结果一样。